"共享"发展理念下的
财政补贴效应研究

韩春伟 著

郑州大学出版社

图书在版编目(CIP)数据

"共享"发展理念下的财政补贴效应研究／韩春伟著 . — 郑州：郑州大学出版社，2022 . 3(2024.6 重印)

ISBN 978-7-5645-8361-3

Ⅰ . ①共… Ⅱ . ①韩… Ⅲ . ①财政补贴 – 研究 – 中国 Ⅳ . ①F812.45

中国版本图书馆 CIP 数据核字(2021)第 244717 号

"共享"发展理念下的财政补贴效应研究
GONGXIANG FAZHAN LINIAN XIA DE CAIZHENG BUTIE XIAOYING YANJIU

策划编辑	王卫疆	封面设计	曾耀东
责任编辑	郜 毅	版式设计	凌 青
责任校对	胥丽光	责任监制	李瑞卿

出版发行	郑州大学出版社	地 址	郑州市大学路 40 号(450052)
出 版 人	孙保营	网 址	http://www.zzup.cn
经 销	全国新华书店	发行电话	0371-66966070
印 刷	廊坊市印艺阁数字科技有限公司		
开 本	787 mm×1 092 mm 1／16		
印 张	12	字 数	234 千字
版 次	2022 年 3 月第 1 版	印 次	2024 年 6 月第 2 次印刷

书 号	ISBN 978-7-5645-8361-3	定 价	68.00 元

本书内容是河南省重点研发与推广专项(软科学研究)、河南省社科联课题和河南工程学院博士基金项目等研究成果。这些项目包括：

1. 河南省软科学项目《"共享"发展理念下的财税补贴效应：机理、现状和对策》，项目编号 182400410659。

2. 河南省软科学项目《中部崛起背景下财政补贴提升企业绩效效果研究》，项目编号 202400410397。

3. 河南省社科联、河南省经团联调研课题《共享理念下财税补贴政策促进河南民营企业高质量发展研究》，项目编号 SKL-2019-3565。

4. 河南工程学院博士基金项目《生态文明视角下企业业绩评价理论和方法研究》，项目编号 D2017027。

5. 河南工程学院横向科研项目《"共享"发展理念下的财政补贴效应》，项目编号 2021HSK022。

6. 河南工程学院协同育人专项《会计学专业本科生科研创新训练项目——以教师科研项目〈"共享"发展理念下的财政补贴效应〉等为例》，项目编号 XTYR2021HSK022。

  党的十八届五中全会将"共享"融入"四大"发展理念,首次对此进行了全面系统的阐述,明确了我国以人民为中心的发展价值取向,揭示了经济社会发展的出发点和落脚点,即人民"获得感"。十九大报告、"十四五"规划和2035年远景目标纲要中反复多次强调共享发展。在此情况下,财税改革现有研究还没有系统的把财税补贴效应与"共享"理念相结合,缺乏新理念下的系统研究。本书将财税补贴效应研究与"共享"理念相结合,阐述了"共享"发展理念下财税补贴效应的机理和推进机制,以人民"获得感"的测量为起点,实证检验了财政补贴、企业经营与人民"获得感"之间的关系。

  特别需要说明的是,当前我国经济进入新常态,中部崛起进入新阶段。中部崛起对于全国经济发展和区域均衡发展具有更重要的意义。本书专题研究了作为中部大省的河南省民营企业的财税补贴的效果,既检验了财政补贴政策的类型及其之间的关系,又验证了财政补贴与河南民营企业的多种绩效指标的相关性,这些企业指标与河南社会福利指标之间的关系,以及对三者之间综合关系的测度,为河南省财税改革和企业经营建言献策,也弥补了河南省此类研究的不足。

  在本书创作过程中,得到了有关同学的支持与协助。他们按照协同育人项目的要求,在教师指导下,依托教师科研项目,协助开展科研实验、数据统计分析、文献查询整理、市场调查、论文撰写等部分科研任务,圆满完成了科研创新训练。他们是会计学专业(CIMA方向)2041班的周冰懿、白雯迪、张晓雪、张影、司京言、梅欣冉、黄格、林冰倩、韩鑫茹。

  新书付梓之际,再次衷心感谢家人、师长、亲友、同事和学校的大力支持,以及所有的朋友们。

  由于作者水平有限,错误和不妥之处在所难免,恳请读者批评指正,不胜感激。

作者

2022年2月于郑州

目录

引 言

社会发展步入生态文明,各国政府和各经济主体都在竞相调整自身发展战略,将国家战略、经济增长、社会治理和发展责任加以融合,共同纳入新形势下可持续发展的时代背景框架中。我国提出了"创新、协调、绿色、开放、共享"五大发展理念,解决了怎样发展和发展为了谁的问题。其中最受社会关注的是"共享",党的十八届五中全会将"共享"融入其他四大发展理念,首次进行了全面系统的阐述,提出以"坚持共享发展,必须坚持发展为了人民、发展依靠人民、发展成果由人民共享,做出更有效的制度安排,使全体人民在共建共享发展中有更多获得感,增强发展动力,增进人民团结,朝着共同富裕方向稳步前进"为核心思想的共享发展理念,明确了我国以人民为中心的发展价值取向,揭示了经济社会发展的出发点和落脚点——人民"获得感"。"十三五"规划和十九大报告等一系列党的路线方针政策中对此进行了更多阐述。这些年来,中国的发展成果更多惠及全民,人民"获得感"显著增强。

在深化财税体制改革的大背景下,财税改革被赋予"国家治理的基础和重要支柱"的特殊定位。作为财税改革重要组成部分的财税补贴[①]政策必然与党中央的大政方针一脉相承,全面体现国家治理意图和价值指向。财税补贴作为国家宏观经济调控的重要手段,各国均在使用,其主要目标是有助于产业政策落实,维护区域发展平衡,推动技术创新与进步,引领企业经济增长等。目前,学术界财税补贴兼有正面和负面双重效应:一方面可以促进企业加强投入,增强企业竞争力;另一方面也可能引发企业相关利益人包括经营者与职员寻租或偷懒等低效率行为,造成社会资源的不当配置。由于财税补贴效应既与政策的制定和实施有关,又受到企业决策和经营行为的影响,最终通过企业绩效表现出来,传导至整个宏观经济运行。所以,基于"共享"理念、在财税改革的制度背景下研究财税补贴政策,有助于更加准确地理解和把握财税补贴对企业行为的微观作用机制,

---

① 研究文献对于财政补贴的称谓并不一致,类似的名词包括政府补助、财政补助或补贴等,并无本质差别。本书未对此进行细分,把这些视为意思相同但措辞有异的习惯性称谓。

从而为财税补贴的合理配置提供理论依据和经验证据。对于企业而言，由于财税补贴具有鲜明的政策倾向性，必将引发企业经营的"SWOT"关系和发展要素等发生变化，所以企业需要调整自身发展战略，将经济效益与成长战略、公司治理及社会责任加以融合，共同纳入新形势下的时代背景。这对于发挥财税补贴效应，推进财税体制改革，推进建立新型政府企业关系，体现国家治理意图，努力践行"共享"发展、提升人民"获得感"具有重要的现实意义。

本书的研究内容按照以下顺序展开：

其一，阐述了"共享"发展理念下，财税补贴的经济效应和社会效应并非孤立存在，而是相互关联和交叉融合的。本书以人民"获得感"的测度为起点，实证检验了财税补贴、企业经营与人民"获得感"之间的关系。此部分包括三章内容。

第一章，人民"获得感"的测量以及与企业经济发展的基本关系。

第二章，政府财税补贴对企业经营活动的影响、对人民"获得感"的影响，以及财税补贴、企业经营和人民"获得感"的综合关系，还有创新的中介作用。

第三章，市场化程度和人民"获得感"对于财税补贴效果的影响。

其二，在此基础上，进一步分析企业创新在增进财税补贴效果中的作用。因为共享发展不仅是生产关系层面的问题，也是生产力层面的问题，是生产关系与生产力的有机统一。共享发展理念为创新驱动发展指明了方向，创新驱动则是实现共享发展的必由之路。本书从创新发展与当前倍受民生关注的环境保护问题入手，探讨了财税补贴对企业环保投资的影响，财税补贴对企业环保创新的影响。并且，对环保创新的研究契合了"创新"发展、"绿色"发展、"绿水青山就是金山银山"的论断，遵循了"生态不是经济的子系统，经济才是生态的子系统"的理念，"是探索以生态优先、绿色发展为导向的高质量发展新路子"。从提升人民"获得感"的角度看，随着人民群众生活水平持续提高，对生态环境的要求越来越高，从"求生存"到"求生态"，从"盼温饱"到"盼环保"，折射出优良的生态环境已经成为人民群众期盼美好生活的重要部分。只有顺应发展需要和群众期盼，保持加强生态文明建设的战略定力，才能够让人民群众在绿色发展中拥有更多获得感。本部分通过理论分析和实证检验识别出财税补贴效应的影响因素和关键性问题，从发挥政府引导、推动与规制功能，市场的融资支持，完善公司治理与优化经营决策出发，提出对策建议，从而在宏观政策要求和企业经营需求之间搭建桥梁。此部分包括三章内容：第四章，环境规制条件下的环保补贴对企业环保投资的影响；第五章，财税补贴对企业环保创新的影响；第六章，研发激励与企业生命周期。

本书在第七章分析了在中原崛起背景下，中部地区六省的财税补贴政策对上市企业的实政效果。

第八章对河南省的财税补贴效果进行了专题分析。本章节结合政策热点,选取了河南民营企业的财税补贴进行研究。

众所周知,民营经济是我国社会主义国民经济的重要组成部分,是推动社会主义市场经济发展的重要力量,是推进供给侧结构性改革、推动高质量发展的重要主体。自党的十八大、十九大以来,国家制定了系列支持、促进民营经济发展的大政方针、政策文件。国家对民营企业的扶持力度越来越大,扶持政策和手段也越来越多。其中不容小觑的一项就是通过补贴资金的发放,来鼓励民营经济发展升级。同时,相较于国有企业,民营企业处于更加市场化的环境中,其财税补贴的研究具有更为典型的意义。对于河南而言,自1978年开启的改革开放至今已走过40多年的风雨历程,河南省的民营经济产业结构不断优化,产业升级也在持续进行中,绿色环保发展正在逐步深入人心,民营企业的高质量发展正在逐步实现。那么,在这个过程中,财税补贴、民营企业发展和人民"获得感"之间呈现出的关系,均需要以实际社会经济发展数据进行验证。

人民"获得感"的测量以及与
企业经济发展的基本关系

　　获得感是人民群众对日益增长的美好生活需要的现实回应,直接影响着人们对经济形势的预期,孕育着经济发展动能。本章采用除琼新藏之外28个省份2015年CGSS数据,利用因子分析法建立了人民"获得感"的测量指标体系,对各省份的人民"获得感"进行了聚类分析,检验了各省份获得感与所属区域的企业经济之间的经济关联,在此基础上提出了兼顾人民"获得感"自身效率和经济效应的提升路径。数据结果显示,人民"获得感"可以归纳为民生政治获得感、公共服务获得感、文化获得感、经济获得感、社会关系获得感五个维度;各省份的人民"获得感"呈现出不同的聚类特征;各维度的人民"获得感"相对于企业发展的影响存在差异;各省份提升人民"获得感"、发挥经济效应的路径亦不尽相同。

1.1　文献回顾

　　增进民生福祉是经济发展的根本目的。党的十九大报告强调指出"保证全体人民在共建共享发展中有更多获得感","使人民获得感、幸福感、安全感更加充实、更有保障、更可持续"。"获得感"一词比较新鲜,关于其与经济发展的理论研究尚不丰富。十九大报告把获得感、幸福感、安全感并列提出,深刻阐释了三者的内在逻辑关系(郑风田等,2017;金伟等,2018;王俊秀等,2019),使得借鉴幸福感的相关成果作为理论基础探讨获得感以及其经济效应成为可能,即获得感作为一种积极的情感与心态,反映了个体对所处地区的认同感、归属感、安全感和满足感等,是一种内在驱动力。其水平的高低直接影响着人民群众对经济形势的预期(午言,2019)。人们的预期越乐观、信心越充分,经济行为就会更加积极,能够推动经济社会持续发展(陈立民,2020)。提升人民"获得感"孕育着经济新动能(于泽,2019)。获得感与幸福感一样普遍地存在显著的正外部性,能增强经济发展效果(Chuluun 和 Graham,2016;Adler 等,2017;De Neve 等,2018)。也可以借鉴修宗峰、杜兴强等(2011,2015,2016)和 Oshio(2017)的观点,把人民"获得感"视为像幸福感那样的地区社会资本,即获得感是对该地区的自然环境、交通状况、文明程度、教育医疗水平、治安状况、生活便利及发展水平等状况的综合反映,能在一定程度上代表该地区的信任、网络、规范等社会资本水平的高低,是影响企业发展的重要社会资源。行为经济研究也表明,人们深受地区环境和当地文化的影响,个体的偏好和决策也往往会参照地区群体行为而具有共通性(Bryan,2018),从而企业管理者的某些心理特征或偏差都会影响企业决策和企业发展(Graham 等,2013;Kaplanski 等,2015;Sunder 等,2017;花贵如等,2011;林慧婷等,2014;修宗峰等,2016;戴云,2018;毛文秀等,2019)。

研究人民"获得感"与经济发展的关联效应离不开对人民"获得感"的测量。现有文献较为一致地同意人民"获得感"是基于社会发展、经济改革成果的客观享受与主观感受的综合衡量,涉及物质利益、经济利益,以及抽象的政治权利和公正公平等诸多方面,是不同维度获得感的综合体现。可见,人民"获得感"是一个多维度概念,需要建立多指标体系进行测量。概括而言,从人民"获得感"的测量指标和数据看,有的文献采用了单一指标代表获得感(孙远太,2015;黄艳敏,2017;冯帅帅等,2018;项军,2019;赵卫华,2018;王浦劬等,2019),也有的文献采用多个指标、从多个维度对获得感进行观察、测量(石庆新等,2017;王恬等,2018;王俊秀等,2019;杨金龙等,2019;吴克昌等,2019;邵雅利,2019;吕小康等,2018;文宏等,2018;廖福崇,2020)。这些指标涉及社会生活的诸多方面。文献使用的数据大多来源于大规模全国性调查项目,少数来源于小规模自主调查项目等。这或与不同学者的研究需要有关,或与获得感本身就具有丰富的内涵、界定难度大有关。相比之下,多指标、大型调查数据被使用的频率最高。

本章将从人民"获得感"的综合测评着手,分析人民"获得感"的区域分布特征、与区域经济的关联效应,设计提升人民"获得感"和经济效应的具体路径。

1.2　研究方法和数据

1.2.1　研究方法

本章采用因子分析法检测人民"获得感"的维度。由于人民"获得感"是一个多维度概念,涉及诸多指标和题项。这些指标之间可能存在的相关关系增加了数据处理的难度和问题分析的复杂性。而因子分析法是一种数据简化技术,被广泛应用于概念测量、指标体系设计和综合评价研究。因子分析法可分为探索性和验证性两种,本章采用前者推断数据的因子结构,采用后者考核数据与预定的因子结构的拟合情况。

采用聚类分析法对因子分析得到的因子进行聚类,进一步考察人民"获得感"的区域特征。由于公因子得分不存在数量级差异,各公因子之间不存在较强的线性相关关系,适于进行聚类分析。聚类的优势是在没有预设分类标准的前提下,通过测量样本或变量之间相似程度对数据进行聚集。被聚集为同类的样本或变量具有某些相似特征,而不同类别的样本或变量的特征存在较大差异。本章采用了系统聚类法对各省份进行聚类分析,数据聚集选择了 Ward 法,距离测量采用欧氏距离平方法。

在检验人民"获得感'与区域经济的关联效应时,采用了相关分析。用按省份汇总的上市公司指标衡量各省分的企业经济情况,将其与人民"获得感"公因子之间进行 Pearson 检验来测度其相关性。

在规划人民"获得感'的提升路径时既要考虑其自身改进效率,又要考虑其经济关联。根据经济学最优化的一般原则,要使总体水平提升最大,应选择相对水平较低的公因子优先改进,因为公因子水平越低,单位投入产生的边际效用较大,对总体水平产出效应的贡献也较大,从而有利于总体水平的优化(王祖山,2018),所以本章将人民"获得感"水平较低的公因子视为优先改进公因子,同时兼顾其经济效应。具体方法为:设某省份人民"获得感"某公因子 F_k 的排名为 K,该省份人民"获得感"的总体水平 F 的排名为 M,求解 K-M 的差值。可根据专家意见等将 K-M 的差值划分为三个区间:第一区间的差值大于或等于10(不妨碍定义此区间为优先改进区间,此区间的公因子 F_k 为优先改进公因子);第二区间的差值大于0,且小于10;第三区间的差值小于或等于0。如果某个区间有多个公因子,则按照这些公因子与企业经济指标的相关系数的显著性和数值大小排序。

1.2.2 数据

人民"获得感"的测量数据来源于中国综合社会调查(Chinese General Social Survey, CGSS)。2015 年 CGSS 数据覆盖全国 28 个省份的问卷 10 968 份。本章根据研究需要尽量保留相关题项,同时剔除数据缺失较多的题项,得到除港澳台琼新藏之外的 28 个省份的 8 117 份有效问卷。

各省份的地区生产总值数据来源于国家统计局网站 http://data.stats.gov.cn/index.htm。

上市公司指标数据来源于同花顺数据库,2015 年 A 股上市公司样本 2786 个。

1.3 人民"获得感"的测量

1.3.1 探索性和验证性因子分析

首先,依据文献研究和调查数据,对 CGSS 的题项进行甄别、归类,最后保留了 25 个测量题项。题项计分采用 Likert 五点式量表法,从 1 到 5 表示感知好转程度的测量向度。然后,从有效问卷中随机分出 4 058 个样本用于探索性因子分析,4 059 个样本用于验证性因子分析。探索性因子分析采用主成分法,用最大方差法对因子载荷矩阵进行正交旋转后得到 5 个因子。表 1-1 检验结果显示,KMO 的值为 0.885>0.5,且 Bartlett 检验显著。KMO 检验统计量主要用来检验变量相关和偏相关强度,其取值在 0 到 1 之间。KMO 值越接近 1,表示变量之间的相关性越强,越适合采用因子分析法。Kaiser 给出的标准为 KMO 值应大于 0.5,因此选择因子分析法。

表 1-1 KMO 和 Bartlett 检验

KMO		0.885
Bartlett 检验	卡方值	3817
	Df	314
	Sig	0.000

表 1-2 为使用 AMOS24 得到的验证性因子分析结果,表明人民"获得感"测量模型的各个拟合指标均合乎要求,具有良好的结构效度。

表 1-2 验证性因子分析的拟合指数

指数	绝对适配度			增值适配度		简约适配度	
	RMSEA	GFI	AGFI	CFI	TLI	PNFI	PGFI
数据结果	0.052	0.933	0.919	0.916	0.906	0.814	0.775
适配标准	<0.05	>0.90	>0.90	>0.90	>0.90	>0.50	>0.50
模型适配判断	合理	良好	良好	良好	良好	良好	良好

1.3.2　公因子分布

采用最大方差法对因子载荷矩阵进行正交旋转,按降序方式输出公因子。把在每一个公因子上有较高载荷的指标归为一类,可得到以下 5 个公因子。考虑二级指标的一致指向,对公因子分别进行命名,从而得到人民"获得感"的指标体系(表 1-3),即以人民"获得感"为一级指标,包含民生政治获得感、公共服务获得感、文化获得感、经济获得感、社会关系获得感 5 个二级指标、25 个三级指标。

表 1-3　人民"获得感"的公因子分布

名称	内容	测量指标(题项)
F1 民生政治获得感	由环保、医疗、老年保障、穷人救助、基础教育、社会安全、打击犯罪、秉公办事、公平执法等民生保障活动构成	捍卫国家安全 打击犯罪 公平执法 秉公办事 为患者提供医疗服务 为老人提供适当的生活保障 提供优质的基础教育 帮助穷人、维护社会公平 环境保护满意度
F2 公共服务获得感	由公共服务资源的充足程度、均衡性、便利性和普惠性等构成	公共服务资源的充足程度 公共服务资源分布均衡程度 获取公共服务的便利程度 公共服务的普惠性程度
F3 文化获得感	由看电影、听音乐、看展览、书报杂志等文化活动构成	过去一年,您是否常在空闲时间看电影 过去一年,您是否常在空闲时间读书/报纸/杂志 过去一年,您是否常在空闲时间听音乐会看演出或展览 过去一年,您是否常在空闲时间在家听音乐
F4 经济获得感	由个人或家庭在过去和现在的经济社会地位构成	您认为自己目前处于哪个等级 您认为您 10 年前处于哪个等级 您认为您 10 年后将会在哪个等级 您认为在您 14 岁时,您的家庭处在哪个等级 您家的家庭经济状况在所在地属于哪一档
F5 社会关系获得感	由反映社会信任、公平、交际等心理感受构成	社会上绝大多数人都是可以信任 社会上别人就会想办法占便宜 当今社会公平不公平

1.3.3 因子得分

在前述基础上,对提取的5个主因子计算因子得分。由因子得分矩阵可以得到5个公因子的函数表达式:

$$F_i = \sum_{j=1}^{25} \lambda_{ij} Z x_j (i = 1,2,3,4,5) \tag{1}$$

其中,F_i 表示在表3中第 i 个公因子的得分;Zx_i 表示第 j 个指标无量纲化处理后的数据;λ_{ij} 表示 Zx_j 在 F_i 上的得分。根据旋转之后的5个公因子的方差贡献率,计算得到各公因子的权重系数。

公因子权重系数为:

$$W_i = \frac{旋转后的各公因子方差贡献率}{总累计方差贡献率} \times 100\% \tag{2}$$

对公因子得分进行加权,可得出人民"获得感"的总体得分。

人民"获得感"的总体得分公式:

$$F_i = \sum_{j=1}^{5} W_i \cdot F_i \tag{3}$$

计算求解得到人民"获得感"的总体水平的得分模型:

$$F = 0.4381 \times F_1 + 0.2214 \times F_2 + 0.1439 \times F_3 + 0.1031 \times F_4 + 0.0935 \times F_5 \tag{4}$$

据上述方法,得出各省人民"获得感"的公因子得分排名和总体得分排名(表1-4)。

表1-4 人民"获得感"得分及排名

省份	F1 得分	排名	F2 得分	排名	F3 得分	排名	F4 得分	排名	F5 得分	排名	F 总分	排名
天津	0.1239	7	0.3676	1	0.0452	12	-0.1917	22	0.1732	4	0.1464	1
山东	0.0921	9	0.1325	5	0.1663	6	0.0363	18	0.2261	1	0.1246	2
黑龙江	0.2051	4	-0.0775	19	0.2422	4	0.0031	19	-0.0281	14	0.1035	3
广西	0.5086	1	-0.2958	28	0.2752	3	-0.5035	26	-0.2232	25	0.1010	4
广东	0.2223	3	0.1805	3	0.4811	2	-0.7691	28	-0.1605	24	0.0975	5
湖南	0.2770	2	0.0393	10	-0.1846	20	-0.1528	21	-0.0848	19	0.0775	6
北京	-0.0495	17	0.2325	2	0.4939	1	-0.3524	25	-0.0468	15	0.0584	7
宁夏	0.0362	11	-0.0082	15	0.1472	7	0.2201	10	-0.0709	17	0.0577	8
云南	0.1700	5	-0.1020	22	0.0690	11	0.0463	17	-0.1028	21	0.0554	9

续表 1-4

省份	F1 得分	排名	F2 得分	排名	F3 得分	排名	F4 得分	排名	F5 得分	排名	F 总分	排名
吉林	0.0180	13	-0.0046	14	0.1465	8	0.1669	12	0.0436	10	0.0541	10
安徽	0.0497	10	0.0676	9	-0.1110	15	0.1523	13	0.0626	9	0.0492	11
河南	-0.0755	18	0.0854	7	-0.1319	17	0.2807	7	0.1354	5	0.0192	12
江苏	-0.0424	16	0.0686	8	-0.1458	18	0.1818	11	0.0998	7	0.0112	13
贵州	0.1613	6	0.0316	11	0.0750	10	-0.5320	27	-0.1143	22	0.0092	14
山西	0.1000	8	-0.1459	23	-0.2096	22	0.2900	6	-0.0844	18	0.0069	15
上海	-0.0980	20	0.1272	5	-0.3364	26	0.3199	5	0.1874	3	0.0005	16
甘肃	-0.2668	25	0.0123	12	0.1320	9	0.4287	1	0.2100	2	-0.0193	17
河北	0.0359	12	-0.0863	20	-0.1944	21	0.1228	15	-0.0121	15	-0.0193	18
江西	-0.0292	15	-0.0308	16	-0.1299	16	-0.0749	20	0.1313	6	-0.0373	19
辽宁	0.0068	14	0.1560	4	-0.2302	25	-0.3252	23	-0.2295	26	-0.0546	20
内蒙古	-0.0867	19	-0.0561	18	0.2032	5	0.0496	16	-0.5880	28	-0.0714	21
浙江	-0.2185	23	0.0099	13	-0.3867	27	0.4014	2	0.0131	12	-0.0955	22
陕西	-0.2518	24	-0.1789	25	0.0350	13	0.2355	8	0.0377	11	-0.1174	23
重庆	-0.1468	21	-0.1767	24	-0.2295	24	0.3911	3	-0.3266	27	-0.1220	24
湖北	-0.4737	27	-0.0519	17	0.0048	14	0.3277	4	-0.1008	20	-0.1878	25
四川	-0.2122	22	-0.1002	21	-0.1794	19	-0.3286	24	-0.1552	23	-0.2033	26
福建	-0.3758	26	-0.1799	26	-0.2141	23	0.1484	14	-0.0477	16	-0.2279	27
青海	-0.6702	28	-0.2192	27	-0.3911	28	0.2235	9	0.0831	8	-0.3715	28

1.3.4 排名结果分析

从各省份人民"获得感"的综合测评得分看,得分大于 0 表示人民"获得感"的总体状况相对较好,且分值越大越好;得分小于 0 表示人民"获得感"的总体状况相对较差,其分值绝对值越大越差;分值位于 0 附近则说明其人民"获得感"的总体状况处于一般水平。在所选取的 28 个省份中,最高分与最低分之间相差 0.5179,总体差距不大;有 16 个省份的综合得分为正,12 个省份的综合得分为负,正负比例为 4:3,说明各省份的人民"获得感"的总体状况比较均衡,地区差距并不明显。值得注意的是,各省份人民"获得感"的公因子得分并不均衡。有一些省份人民"获得感"的总分排名靠前,但某些公因子排名与总分排名相差很大,表明存在较大的改进空间,比如黑龙江、广西和云南的公共服务获得感因子排名与总分排名相差10以上;相反,一些人民"获得感"总分排名相对靠后的省份,也有某些公因子的排名相对靠前,说明这些省份存在进一步分享社会经济资源来提高人民"获得感"的综合水平的空间,比如重庆、湖北和浙江的经济获得感因子等。为此,需要进行聚类分析,进一步考察各省份人民"获得感"的特征。

1.4　人民"获得感"与区域经济水平的聚类分析

1.4.1　聚类过程

利用前述因子分析得到的28个省份的人民"获得感"公因子作为自变量进行聚类分析,得到聚类结果(图1-1),可以将28个省份划分为2～9个类型。

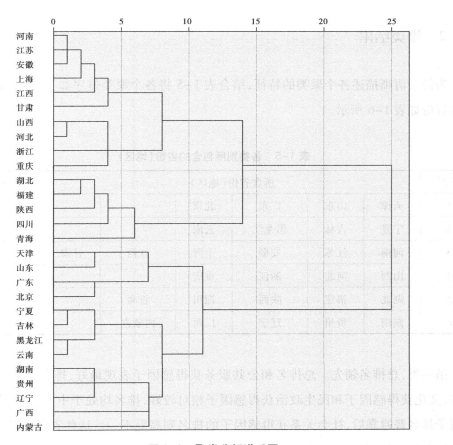

图1-1　聚类分析谱系图

表 1-5 各聚类包括的省份个数

分类	各类的省份个数								
	1	2	3	4	5	6	7	8	9
Wald Method(9)	6	4	5	2	2	4	3	1	1
Wald Method(6)	6	4	5	4	4	5			
Wald Method(4)	10	5	4	9					
Wald Method(3)	10	5	13						
Wald Method(2)	15	13							

为方便观察聚类情况,将图 1-1 转化为表 1-5。可看出,如果分类太少(例如分为 2～4 类时),则不利于考察类别之间的具体差异,如果选择较细的类别划分(例如 9 类或更多),则导致某些类别中的省份过少,过多显示了特殊性。那么,为了既能体现聚类之间的差异性,又保证不同分类所含省份的均匀性,将 28 个省分成 6 类是相对合适的。

1.4.2 聚类结果

为便于清晰描述各个聚类的特征,结合表 1-5 将各个聚类排序如下,各个聚类所包含的省份如表 1-6 所示。

表 1-6 各类别所包含的省份(地区)

类别	所含省份(地区)					省份(地区)个数
1	天津	山东	广东	北京		4
2	宁夏	吉林	黑龙江	云南		4
3	河南	江苏	安徽	上海	江西 甘肃	6
4	山西	河北	浙江	重庆		4
5	湖北	福建	陕西	四川	青海	5
6	湖南	贵州	辽宁	广西	内蒙古	5

第一类,总排名领先。总排名和公共服务获得感因子表现最好,排名均处于前 25% 之内,文化获得感因子和民生政治获得感因子相对较好,排名均处于中上水平,经济获得感因子排名普遍靠后,社会关系获得感因子的排名则高低不一。这些省份均是经济相对发达的东部省份(各省份区位按照国家统计局网站对三大地带的划分)。

第二类,总排名比较靠前。总排名、民生政治获得感因子排名、文化获得感因子排名均比较靠前,均处于前50%之内,其他三个因子排名大致处于中等水平。这些省份均属于经济相对落后的中西部省份。

第三类,总排名属中等水平。社会关系获得感因子排名比较靠前,处于前50%,公共服务获得感因子排名处于中上水平,民生政治获得感因子和文化获得感因子属于中下水平,经济获得感因子排名高低不一。东中西部省份各有两个、三个、一个。

第四类,总排名属中下水平。总分排名、民生政治获得感因子排名、公共服务获得感因子排名、社会关系获得感排名均处于中下水平,文化获得感因子排名比较靠后,均处于后25%,经济获得感因子排名处于中上水平。东中西部省份各有两个、一个、一个。

第五类,总排名普遍靠后。总体而言,无论是总分排名还是公因子排名均非常靠后。总排名和民生政治获得感因子排名均处于后25%,公共服务获得感因子和文化获得感因子处于中下水平,社会关系获得感因子和经济获得感因子的排名则参差不齐。东中西部省份均在其中,中西部省份有三个,东中部省份各一个。

第六类,其他,总排名涵盖上中下水平,各省名次之间的差距很大,广西总排名为4,内蒙古为21,相差17。经济获得感因子排名、社会关系获得感因子排名比较靠后,均处于后50%,其他三个因子的排名兼有领先和落后。从省份分布看,除了湖南之外,东西部省份各有两个。

1.5 人民"获得感"与企业经济的关系

本章选择了资产总额、营业收入、专利总数、员工总数这四个常见的企业发展指标代表企业的资源基础、经济盈利能力、创新发展能力和社会影响。这四个指标均与当地经济社会发展有着密切联系,呈现的内容又有所区别。人民"获得感"的水平较高,说明该地区的企业高管很可能更乐观、更自信,具备更强的承受风险能力,会产生更加积极的经济行为,比如,扩大投资规模,提高市场份额,增强研发创新等,从而给经济增长带来"精神动力"和经济支撑;也说明人民群众对工作、生活、家庭、社会等方面的总体满意度较高,从而使工作秩序更好、劳资纠纷更少等。企业作为社会生产的基本经济单位,嵌入利益相关者的社会关系网络之中,以提供产品或服务满足社会需要。资产总额反映企业资源基础的丰厚程度,高资产的企业往往有着较为庞大的生产能力、税收规模和社会影响,社会嵌入程度也比较高。营业收入衡量上市公司的市场收益规模,反映了与消费者的关系的广泛联系程度。专利总数衡量上市公司的科技创新规模,员工总数衡量上市公司的就业规模,均反映着劳动者在自己的岗位上发挥聪明才智,享受劳动的喜悦,体验为社会创造财富和价值的成就感。表1-7列示了四个指标按省份的汇总结果,反映了各省份上市公司的整体状况。

表1-7 按省份汇总的上市公司指标

地区	资产总计 (亿元)	营业收入 (亿元)	专利总数 (万件)	员工总数 (万人)
安徽	7 710	4 983	2.51	46.25
北京	1 089 969	127 231	11.77	593.38
福建	62 464	8 234	1.14	46.65
甘肃	1 789	1 062	0.22	10.95
广东	190 789	35 729	20.01	272.34
广西	2 816	1 221	0.24	8.80
贵州	2 552	1 027	0.32	11.63
河北	9 585	4 586	1.18	38.10
河南	6 003	3 137	1.83	49.82
黑龙江	3 936	1 152	0.32	14.84
湖北	8 679	4 387	1.15	40.22
湖南	6 761	2 824	1.68	37.12
吉林	3 745	1 296	0.15	11.41
江苏	29 619	10 574	4.55	73.73
江西	3 322	3 799	0.48	20.44
辽宁	8 964	4 612	0.91	36.18
内蒙古	5 764	1 766	0.38	19.72
宁夏	508	205	0.05	3.34
青海	1 598	605	0.07	5.47
山东	15 439	9 092	4.62	80.80
山西	7 761	3 240	0.61	38.77
陕西	4 560	1 778	0.63	25.68
上海	186 429	33 070	4.02	129.63
四川	8 498	4 182	1.61	46.64
天津	5 726	2 716	1.00	13.80
云南	3 683	2 444	0.25	13.24
浙江	25 544	11 588	4.69	91.16
重庆	5 499	2 271	2.08	18.18

将人民"获得感"的五个公因子分别与上市公司的资产总额、营业收入、专利总数和员工总数进行相关性检验,检验结果列示在表1-8中。根据检验结果的显著性水平可见,人民"获得感"的公因子与上市公司指标的相关性不一致。公共服务获得感因子与上市公司的资产总额、营业收入、专利总数、员工总数均呈现出在0.05的水平上显著相关,Pearson相关系数在0.3~0.5,表明与公共服务获得感因子与上市公司发展之间存在密切的经济关联。

表1-8 Pearson 相关系数及其显著性检验

	F1	F2	F3	F4	F5
资产总额	−0.001	0.380*	0.427*	−0.279	0.008
P-value	0.996	0.046	0.023	0.150	0.968
营业收入	0.011	0.431*	0.408*	−0.290	0.037
P-value	0.955	0.022	0.031	0.134	0.852
专利总量	0.151	0.474*	0.431*	−0.449*	−0.011
P-value	0.444	0.011	0.022	0.017	0.957
员工总数	0.039	0.458*	0.443*	−0.347	0.017
P-value	0.842	0.014	0.018	0.071	0.932

文化获得感因子与上市公司的资产总额、营业收入、专利总数、员工总数均呈现出在0.05的水平上显著相关,Pearson相关系数在0.4~0.5,可见,文化获得感因子也与上市公司发展之间存在密切的经济关联。

经济获得感因子仅与上市公司专利总数的Pearson相关系数为−0.449,在0.05的显著水平上显著相关,与其他指标在统计意义上不显著,且相关系数均为负数。这与我们的常规认识并不一致(黄艳敏等,2017;石庆新等,2017;王俊秀等,2019;杨金龙等,2019;吴克昌等,2019),可能受到了其他重要因素如省际交叉用工、人口流动、GDP核算等的影响,也可能社会经济发展的客观指标与主观获得感之间存在一定差异,比如经济发达省份的人们具有更高的期望值,导致获得感得分反而趋低,而经济欠发达省份的人们的评价标准较低,经济现状与历史过往以及心理预期存在显著差别,形成较大对比,获得感得分反而较高等。

社会关系获得感因子和民生政治获得感因子与上市公司指标在统计意义上不显著,可见,社会关系获得感因子和民生政治获得感因子与上市公司发展没有明显直观的关联关系。

1.6　人民"获得感"的提升路径

表 1-9 展示了各省人民"获得感"提升的具体路径。从公因子的顺序看,排在各省第一位的主要是 F2 公共服务获得感因子和 F3 文化获得感因子,占全部省份的 67.9%,这两个公因子既是大部分省份的"优先改进公因子",也与上市企业的四个指标都显著相关;排在末位的主要是 F1 民生政治获得感因子和 F5 社会关系获得感因子,占全部省份的 89.3%,这两个公因子恰与上市企业的四个指标均不显著相关。其他顺序位次上的公因子分布比较均匀。

从各省份的公因子的区间分布看,第一区间是优先改进区间,所列的公因子排名与总分排名的差距最大,均为优先改进公因子,以总分排名在前 50% 以内的省份为主,尤其是前 25% 之内的省份最为明显。而总分排名处于后 50% 的省份的公因子分布则以第二、三区间为主,排名越是靠后的省份,其公因子在第三区间越多。可见,总分排名靠后的省份的人民"获得感"提升路径应以发挥其经济效应、兼顾优先改进公因子的策略为主,重在均衡发展、提升综合水平;总分排名靠前的省份的人民"获得感"提升路径应关注优先改进公因子、兼顾经济效应的策略为主,重视人民"获得感"的提升效率。

表 1-9　人民"获得感"的公因子排序

省份(地区)	第一区间			第二区间				第三区间		
天津	F3		F4		F5	F1		F2		
山东	F4			F2	F3	F1		F5		
黑龙江	F2	F4	F5	F3	F1					
广西	F2	F4	F5	F3					F1	
广东	F4	F5	F2						F3	F1
湖南	F3	F4	F5	F2					F1	
北京	F4	F1	F5						F2	F3
宁夏				F2	F4	F5	F1	F3		
云南	F2	F5		F3	F4			F1		
吉林				F2	F4	F1			F3	F5
安徽				F3	F4			F2	F5	F1
河南				F3	F1			F2	F4	F5

续表 1-9

省份(地区)	第一区间		第二区间			第三区间				
江苏			F3	F1		F2	F4	F5		
贵州	F4		F5			F2	F3	F1		
山西			F2	F3	F5	F4	F1			
上海	F3		F1			F2	F4	F5		
甘肃			F1			F2	F3	F4	F5	
河北			F2	F3		F4	F5	F1		
江西			F4			F2	F3	F5	F1	
辽宁			F3	F4	F5	F2	F1			
内蒙古		F5				F2	F3	F4	F1	
浙江			F3	F1		F2	F4	F5		
陕西			F2	F1		F3	F4	F5		
重庆			F5			F2	F3	F4	F1	
湖北			F1			F2	F3	F4	F5	
四川						F2	F3	F4	F5	F1
福建						F2	F3	F4	F5	F1
青海						F2	F3	F4	F5	F1

1.7 小结

让人民群众在社会经济发展过程中获得更多福祉、共享成果、增进获得感,是新时期我国改革发展的根本目的。人民"获得感"是一个多维度概念,表现在与人们日常生活紧密联系的民生政治、公务服务、经济、文化、社会关系等方面,本章对人民"获得感"的测量与现有文献较为一致。但是,现有研究较多地关注了人民"获得感"的内涵、作用和意义等理论方面的研究,也有的文献测量了人民"获得感"的维度及其影响因素,对地区经济发展层面的应用研究较少。本研究从人民"获得感"的五个维度对各省份进行聚类分析,归纳了人民"获得感"的地区分布特征,还利用 CGSS 和上市公司公开数据检验了人民"获得感"所具有明显的经济效应,但人民"获得感"的各维度与企业指标之间的关联性存在差异,这值得进行深入研究。那么,从人民"获得感"提升的自身效率和经济效应看,各省份持续巩固和提升人民"获得感"的路径是因地而宜的。总分排名靠后的省份应侧重其经济效应、兼顾优先改进公因子,指在均衡发展、提升综合水平;总分排名靠前的省份则应强调人民"获得感"的提升效率,即关注优先改进公因子、兼顾经济效应。

本研究对于深入理解经济转型过程中人民"获得感"的积极作用以及进一步促进区域发展具有一定的启示意义:①和谐的区域环境有利于企业发展,积极提升人民"获得感",能够增强经济增长的效果,尤其我国处于经济增长动能转换的关键时期,政府应当持续巩固落实人民"获得感"提升的系列政策,使之成为保障社会经济持续发展的重要举措。②由于人民"获得感"的各维度与区域经济指标的关联效应并不一致,所以各地应当因地制宜,研究适合本地人民"获得感"的特点与企业经济的人民"获得感"提升路径,从而与当地企业发展形成良性互动,保障社会经济发展的客观指标与主观获得感同步提升。当然,"获得感"的内涵非常丰富,本章对获得感的测量是否以及能够在多大程度上反映人民"获得感",是否还有其他更为有效的测量,有待未来研究的检验。获得感的提升离不开人民群众的体验、广大企业的参与,获得感的测量是其他后续研究的"钥匙",人民"获得感"与经济发展的更多方面的关系还有待未来进一步探究。

参考文献

[1] 郑风田,陈思宇. 获得感是社会发展最优衡量标准:兼评其与幸福感、包容性发展的区别与联系[J]. 人民论云·学术前沿,2017(02):6-17.

[2] 金伟,陶砥. 新时代民生建设的旨归:增强群众获得感、幸福感与安全感[J]. 湖北社会科学,2018(05):153-157.

[3] 王俊秀,刘晓柳. 现状、变化和相互关系:安全感、获得感与幸福感及其提升路径[J]. 江苏社会科学,2019(01):41-49+258.

[4] 午言. "获得感"激发新动力[N]. 人民日报,2019-08-05(18).

[5] 陈立民. 以"获得感"激发"新动能"[N]. 新华日报. 2020-05-21(2).

[6] 于泽. 解读从人民"获得感"强化经济建设,以新发展理念推动改革开放[EB/OL]. http://econ. ruc. edu. cn/kxyj/xssx/dcda5191d6224c2a97a084b3273101d6. htm,2019-12-19.

[7] CHULUUN T,GRAHAM C. Local happiness and firm behavior:Do firms in happy places invest more? [J]. Journal of Economic Behavior and Organization,2016(125):41-56.

[8] ADLER M D, DOLAN P, KAVETSOS G. Would you choose to be happy? Tradeoffs between happiness and the other dimensions of life in a large population survey[J]. Journal of Economic Behavior and Organization,2017(139):60-7.

[9] DE NEVE J E,WARD G,DE KEULENAER F,et al. The asymmetric experience of positive

and negative economic growth: Global evidence using subjective well-being data[J]. Review of Economics and Statistics,2018,100(2):362-375.

[10]修宗峰,杜兴强.幸福感、社会资本与代理成本[J].中国工业经济,2011(07): 107-117.

[11]修宗峰.地区幸福感、市场化进程与企业社会责任:基于我国民营上市公司的经验证据[J].证券市场导报,2015(02):15-23.

[12]修宗峰,周泽将.地区幸福感、社会资本与企业公益性捐赠[J].管理科学,2016,29 (02):146-160.

[13]OSHIO T. Which is more relevant for perceived happiness,individual-level or area-level social capital? A Multilevel Mediation Analysis[J]. Journal of Happiness Studies, 2017(18):765-783.

[14]BRYAN S. Graham. Identifying and estimating neighborhood effects[J]. Journal of Economic Literature,2018,56(2):450-500.

[15]GRAHAM J R,HARVEY C R,PURI M. Managerial attitudes and corporate actions[J]. Journal of Financial Economics,2013,109(1):103-121.

[16]KAPLANSKI G,LEVY H,VELD C,et al. Do happy people make optimistic investors? [J]. Journal of Financial and QuantitativeAnalysis,2015,50(1-2):145-168.

[17]SUNDER J,SUNDER S V,Zhang J. Pilot CEOs and corporate innovation[J]. Journal of Financial Economics,2017,123(1):209-224.

[18]花贵如,刘志远,许骞.投资者情绪,管理者乐观主义与企业投资行为[J].金融研究, 2011(9):178-191.

[19]林慧婷,王茂林.管理者过度自信,创新投入与企业价值[J].经济管理,2014(11): 94-102.

[20]戴云.地区幸福感能提高企业的投资水平吗?:基于我国上市公司的经验证据[J].西部论坛,2018,28(03):107-115.

[21]毛文秀,叶显.地区幸福感对区域企业投资的影响研究[J].金融发展研究,2019 (01):26-36.

[22]孙远太.城市居民社会地位对其获得感的影响分析:基于6省市的调查[J].调研世界,2015(09):18-21.

[23]黄艳敏,张文娟,赵娟霞.实际获得、公平认知与居民获得感[J].现代经济探讨,2017 (11):1-10+59.

[24]冯帅帅,罗教讲.中国居民获得感影响因素研究:基于经济激励、国家供给与个体特

质的视角[J].贵州师范大学学报(社会科学版),2018(03):35-44.

[25]项军.客观"获得"与主观"获得感":基于地位获得与社会流动的视角[J].社会发展研究,2019,6(02):135-153+245.

[26]赵卫华.消费视角下城乡居民获得感研究[J].北京工业大学学报(社会科学版),2018,18(04):1-7.

[27]王浦劬,季程远.我国经济发展不平衡与社会稳定之间矛盾的化解机制分析:基于人民纵向获得感的诠释[J].政治学研究,2019(01):63-76,127.

[28]石庆新,傅安洲.获得感、政治信任与政党认同的关系研究:基于湖北省6所部属高校大学生的调查数据[J].中南民族大学学报(人文社会版),2017,37(01):91-94.

[29]王恬,谭远发,付晓珊.我国居民获得感的测量及其影响因素[J].财经科学,2018(09):120-132.

[30]杨金龙,张士海.中国人民"获得感"的综合社会调查数据的分析[J].马克思主义研究,2019(03):102-112,160.

[31]吴克昌,刘志鹏.基于因子分析的人民"获得感"指标体系评价研究[J].湘潭大学学报(哲学社会科学版),2019,43(03):13-20.

[32]邵雅利.新时代人民主观获得感的指标构建与影响因素分析[J].新疆社会科学,2019(04):139-147.

[33]吕小康,黄妍.如何测量"获得感":以中国社会状况综合调查(CSS)数据为例[J].西北师大学报(社会科学版),2018,55(05):46-52.

[34]文宏,刘志鹏.人民"获得感"的时序比较:基于中国城乡社会治理数据的实证分析[J].社会科学,2018(03):3-20.

[35]廖福崇.公共服务质量与公民获得感:基于CFPS面板数据的统计分析[J].重庆社会科学,2020(02):115-128

[36]王祖山.城镇居民福利的测度、健康关联及改进路径[J].湖南师范大学社会科学学报,2018,47(02):84-91.

2

政府补贴、企业经营和人民"获得感"

提高人民群众获得感是衡量改革成效的重要评价标准。在经济转型背景下,政府补贴体现着国家的政策导向,调控、引导着企业的经营发展,而企业通过提供产品和服务嵌入人民群众的日常生活之中,影响着人民群众的获得感。本章采用 2015 年中国综合社会调查(CGSS),以及 A 股上市公司数据,用结构方程方法实证分析了政府补贴、企业经营绩效和人民群众获得感之间的关系。研究发现,政府补贴对企业经营绩效产生了显著的正向影响,企业经营绩效对人民"获得感"也具有显著的正向影响,企业创新具有中介效应,从各种关系的综合影响看,政府补贴和企业创新均具有间接增进人民群众获得感的政策效果。因此,政府补贴政策有效调控引导着企业的经营发展和创新活动,有助于提高人民群众获得感。同时,上述研究结论也从人民"获得感"的角度拓展了政府补贴的社会效应。

2.1 问题提出

党的十九大报告强调指出"保证全体人民在共建共享发展中有更多获得感"。坚持以人民为中心的改革价值取向,是否促进经济社会发展、是否给人民群众带来实实在在的获得感,已经成为改革成效的重要评价标准。获得感与人民群众日常生活的物质和精神方面都息息相关,需要的客观条件非常现实。企业作为社会生产的基本经济单位,嵌入利益相关者的社会关系网络之中,通过提供产品或服务满足社会需要,影响着人民群众对社会生活的感受和评价,从而影响人民"获得感"。而企业的经营发展会受到政府补贴政策的引导或干预。由于财政是"国家治理的基础和重要支柱",政府补贴作为国家宏观调控的财政经济手段,必然体现着国家政策导向。那么,在"五位一体"全面建成小康社会的背景下,探讨政府补贴对企业经营发展的引导效果,以及企业经营发展对人民群众获得感的影响,能够为"共享"发展提供理论支持和经验证据,无疑具有重要的现实意义。

2.2 理论分析和文献综述

2.2.1 企业经营与人民"获得感"

社会责任理论认为,企业履行社会责任能够满足利益相关者的利益诉求,有助于协调利益相关者与企业之间存在的共同利益最大化的矛盾(Karl 等,2017)。因为企业生产首先是一种经济行为,企业在谋求自身发展和追求利益最大化的同时,存在明显的"外部效应"。外部效应有负有正,负外部效应如不当竞争、肆意排污、偷税漏税、非法用工、克扣工资等,正外部效应或社会效益如产品质量控制、纳税、捐赠、慈善等。长期以来,由于企业经营发展主要依赖于物质资本,"股东至上"观念至上,社会责任问题没有被广泛关注。但近年来,诸如商业道德、产品安全以及环境保护等一系列负面的自然资源问题和社会矛盾问题日益凸显,亟须矫正。利益相关者的理论提出,伴随着时代进步与科技发展,知识经济的兴起以及其他资本重要性的提高,企业股权结构的日趋分散,企业经营发展同样依赖于其他利益相关者所投入的资源,是利益相关者共同治理的结果,企业要对利益相关者负责,履行社会责任。当今,社会责任的内涵不断被丰富,范围和内容得到空前的扩展,从经济、文化到法律领域,从股东、员工、消费者到所有受公司决策影响的个人、团体和社区,从救助特殊人群到改善全社会的福利,企业社会责任已近乎无所不包,达到极为泛化的程度(Schwartz 等,2003)。

利益相关者之所以愿意把其拥有的资源投入企业,是因为他们预期企业能够创造回报,并能够按照一定的规则进行分配,即利益相关者通过提供资源而获得了要求企业承担相关责任的权利。而企业因为使用资源也具有了向资源提供者分配利益的义务。于是,企业的尽责情况影响着利益相关者的满意程度,构成了企业生产和社会责任的社会影响。企业作为现代市场经济体制下的直接创造社会财富的基本组织单元,是整个社会分配的基础。企业层面的分配属于初次分配范畴,其制度安排是否科学与合理、符合新发展理念,对于二次分配的公平实现具有重要作用,影响着人民群众获得感的实现(郭正模,2018)。

从资源基础理论看,企业资源既包括有形资源,比如:厂房、土地、设备、资金等,又包括无形资源,比如:技术、文化、声誉、员工,以及对企业忠诚、政府和社区的公共资本等。一般而言,企业的经营发展状况可以从资源基础、经济盈利、创新发展和社会影响四个方面进行综合考察,这四个方面既能表达独立的内容,又与当地社会经济和广大的利益相关者之间有着密切联系。在实践中,往往选取资产总额、营业收入、专利总数和创新投资、纳税规模和员工总数等常见指标为代表。资产总额是衡量企业拥有的资源规模,反映企业资源基础的丰厚程度。高资产的企业往往有着较为庞大的生产能力、税收规模和社会影响,与社会的嵌入程度也比较高。营业收入是衡量上市公司的收益规模,反映企业运用资源获取经济利益的盈利能力,体现了企业的市场规模、与消费者的广泛关联程度。强大的盈利能力能够为企业带来丰富的现金流量,能够提高企业、员工和纳税的收入水平,有利于企业扩大再生产、吸纳就业,以及增强研发创新和承担更多社会责任等。专利总数和创新投资是衡量上市公司的科技创新规模,反映企业的创新发展能力。企业通过科技创新能够提供成本更低、性能更强、安全性更高、环保性更好的产品和服务,从而改善人们的生活感受。纳税规模体现了企业对国家和社会的经济贡献。员工总数是衡量上市公司的就业规模,反映企业的社会影响。尤其对于我国这样一个人口大国来说,就业是民生之本。

于是,企业在经济利益的驱使下,在政府、企业和其他利益相关者的合力作用下,不断地适应社会、政治和经济的要求,与政治、民生、科技、文化、经济等因素交互融合,与政府、与社会形成了广泛的社会关联,影响着人民群众获得感的体验。在此,提出研究假设 H1。

H1:企业经营正向促进了人民"获得感"。

2.2.2　政府补贴与企业经营

伴随着社会责任理论和利益相关者理论的形成和发展,企业经营发展的核心理念不再是依赖物质资本、追求股东利益最大化的"股东至上主义",而是考虑到各个利益相关者利益的"利益相关者关系论"。对企业经营发展状况的评价也由强调经济效益最大化的现实价值判断,转向将企业创造的社会价值和利益相关者价值作为重要评价维度,突出以人为本的终极价值判断(黄速建等,2018)。这与十九大报告中明确指出的"保证全体人民在共建共享发展中有更多获得感"的高质量发展的含义较为接近,不仅仅体现在经济方面,还体现在政治、文化、社会和生态文明等方面,特别是提高人民群众的生活质量方面(任保平等,2019;师博等,2018)。基于此,政府补贴的逻辑也应从"物"的逻辑,转向"人"的逻辑。在新发展理念下,应该围绕"人是发展的最终目的和手段",把增进人民福祉、促进人的全面发展作为政府补贴的落脚点（刘尚希等,2019）。

从政府补贴的角度看,衡量企业经营发展状况的资源基础、经济盈利、创新发展和社会影响四个方面同样受到关注。政府是补贴资金的提供者,对企业的社会和经济贡献程度的考察指标主要是就业、纳税和企业发展。在当前行政体系中,上下级政府之间的决策体系采用层级化的决策方式,上级政府拥有政策制定的主导权和决策权,同时对下级政府设计合理的激励机制以调动下级政府的积极性,并成为地方政府政治晋升的主要依据。各地政府在"晋升锦标赛"情境下,必然尽可能利用政府补贴等措施促进本地区经济增长、增加税收、扩大就业等（赵静等,2013;赵璨等,2015）。其中,就业容量是最容易被观测的指标（潘红波等,2019）。只有人们有工作、有稳定的收入来源和生活保障,才能增强社会归属感和安全感。社会才能繁荣稳定,和谐发展。企业税收也易于被监督和考核。税收规模越大,政府为实现其政治目标的可支配资金越多,政绩越好。政府会通过"列收列支"等方式,利用政府补贴来引导上市公司多纳税,从而政府与企业达成共赢,形成"良性循环"（范子英,2019）。企业创新和发展也是政府补贴的关注重点。一方面这是持续保障就业容量和税收的源泉;另一方面创新有利于企业生产更好的产品,达到一种差异化战略。企业可以通过创新提供物美价廉的产品和服务,提高人们的社会评价;提高资源效率,减少消耗和污染,促进环境发展等,从而为企业获得更好的社会声誉、形象和消费者信任,进而使得履行社会责任成为企业的一种竞争性优势资源（Robert 等,2010;Robert 等,2012）。

国内外学者大都认可政府补贴对企业经营具有"诱导效应",只是对诱导效果尚存争议。从庇古的福利经济学开始,政府补贴的目的就是着眼于矫正外部性。在理论上,政府为达成政治目标在给予企业补贴时遵循理性经济人假设,扮演着"扶持之手"的角色。这种观点认为政府补贴的积极干预能够给企业进行技术改造和升级提供资金,降低企业研发和创新成本以及相应的风险,带动企业层面的创新投入、竞争力或绩效提升（Petti 等,2017;Liu 等,2018;Bongsuk 等,2019;尚洪涛等,2018;李晓钟等,2019;彭红星等,2020）。政府补贴能使承担着社会目标的企业更好地履行责任,提高就业,提高社会福利水平,从而实现各种社会目标（曾建光等,2017;Lee 等,2017;Liu 等,2019;魏恒等,2020;梁晓蓓等,2020）。因此,各级政府有强烈的动机通过各种补贴刺激本地区社会经济发展,追求社会福利最大化,实现预期政绩。企业受到政策引导,将更加积极地开展技术创新和扩大投资,不断增强核心竞争力,在政府补贴和企业经营之间起到纽带作用。也有的文献提供了政府补贴"掠夺之手"的证据:高额补贴抑制创新（杨国超等,2017;Greco,2017）,刺激在职消费（彭红星等,2020）,损失效率、降低社会福利水平（谢里等,2017;Shi 等,2017;Burke 等,2018）无助于提升企业绩效和社会效益的改善。根据上市公司披露的政府补贴信息,政府可能会基于多种具体目的对企业进行补贴,并附有一定的政策性使用条件。由于政策的实施效果受制于诸多不同因素的共同作用,以及学术研究视角、测量变量和研究方法等存在差异,因而其效应会存在一定程度的差异(Dimos 等,2016)。基于此,提出研究竞争性假设 H2 和假设 H3:

H2a:政府补贴对企业经营具有正向影响。

H2b:政府补贴对企业经营具有负向影响。

H3:企业创新在政府补贴与企业经营之间具有中介效应,即政府补贴通过企业创新对企业经营产生正向的促进作用。

2.3　研究设计

2.3.1　模型设计

本章利用结构方程模型分析政府补贴、企业创新、企业经营和人民"获得感"之间的关系。结构方程包括测量模型与结构模型。本章使用前者检测潜变量与观察变量之间的关系,验证量表效度;使用后者描述和验证潜变量之间的关系。根据理论假设和变量设计,构建政府补贴、企业创新、企业经营、人民群众获得感之间关系的分析框架,如图 2-1 所示。

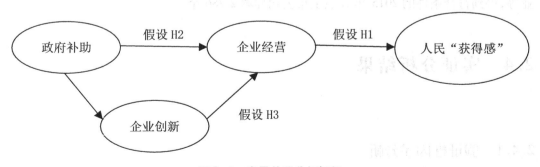

图 2-1　变量关系分析框架

2.3.2　变量定义

对于人民"获得感"变量,本章参考现有研究,将 CGSS 的测量维度分为民生获得感、政治获得感和经济获得感(李鹏等,2019;李辉婕等,2019)。题项得分按照 CGSS 量表定序测量,维度得分采用因子分析法计算(李慧等,2017)。

对于政府补贴变量,按照《企业会计准则第 16 号-政府补贴》划分为两种类型:与资产相关的补贴和与收益相关的补贴。资产性补贴增加了当期的负债(递延收益)和现金流,收益性补贴增加了当期的净利润和现金流。

对于企业经营活动变量,则以资产总额、营业收入、支付税费及员工总数衡量企业经营的绩效;以企业购建固定资产和无形资产等长期投资所支付的现金、企业专利数量衡量企业的创新发展。政府补贴变量和企业经营活动变量均为企业年报中对应项目数值的对数。

2.3.3　数据和样本

人民群众获得感的测量数据来源于 2015 年中国综合社会调查(Chinese General Social Survey,CGSS),共有覆盖全国 28 个省份(除琼新藏之外)的问卷 10 968 份。本章根据研究需要尽量保留相关题项,同时剔除数据缺失较多的题项,得到 3 777 份有效问卷。政府补贴、企业创新和企业经营的数据来源于同花顺网站,剔除数据缺失、金融类企业等,得到符合条件的 20 5 年 A 股上市公司样本 2 786 个。

2.4　实证分析结果

2.4.1　验证性因子分析

对根据文献所构建的潜变量进行验证性因子分析,检验信度和效度。对可靠性进行检验,表 2-1 结果显示,人民"获得感"的 Cronbach's α 为 0.760,稍显偏低,其他三个潜变量的 Cronbach's α 值均在 0.9 以上,呈现出较高的一致性。从组合信度来看,四个潜变量的组合信度(C. R.)值均大于 0.6,说明内在质量较好。AVE 值均达到 0.5,表明收敛效度合理。从内容效度来看,所有潜变量均是在文献研究基础上结合公开数据进行的测量,具有较高的内容效度。

表2-1 量表验证性分析

潜变量	观察变量	标准化因子荷载	临界比	C. R.	AVE	Cronbach's α
人民"获得感"	经济获得感	0.682		0.7771	0.5386	0.760
	民生获得感	0.797	3.948			
	政治获得感	0.718	3.165			
企业经营	资产总额	0.974		0.9902	0.9619	0.978
	营业收入	0.989	18.831			
	员工总数	0.972	15.395			
	税费总额	0.988	18.514			
企业创新	专利数量	0.914		0.9331	0.8747	0.931
	长期投资	0.956	9.609			
政府补贴	收益补贴	0.994		0.9950	0.990	0.904
	资产补贴	0.996	32.294			

2.4.2 假设检验

表2-2 显示了模型的拟合结果。各项指标能够达到适配标准要求,模型较好地拟合了样本数据,可以用于检验前述理论假设。

表2-2 模型拟合指数

指数	绝对适配度			增值适配度		简约适配度	
	RMSEA	GFI	AGFI	CFI	TLI	PNFI	PGFI
数据结果	0.048	0.948	0.933	0.984	0.972	0.572	0.540
适配标准	<0.08	>0.90	>0.90	>0.90	>0.90	>0.50	>0.50
模型适配判断	合理	良好	良好	良好	良好	合理	合理

图2-2 和图2-3 是结构方程的标准化解。图2-2 检验结果表明,企业经营对人民"获得感"影响的路径系数为0.846,在0.001 的水平上显著,说明企业经营对人民"获得感"具有显著的正向影响关系,假设 H1 得到支持。政府补贴对企业经营影响的路径系数

为0.910,在0.001的水平上显著,说明政府补贴对企业经营具有显著的正向影响关系,假设 H2a 得到支持,同时研究结论也进一步验证了政府补贴具有"扶持之手"作用的观点。总体来看,政府补贴、企业经营和人民"获得感"之间的关系表明,政府补贴具有间接提升人民"获得感"的政策效果,间接的正向影响的路径系数为0.770。

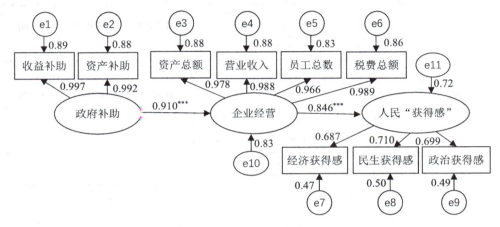

图2-2　三变量结构方程分析结果

按照温忠麟等的方法,使用图2-2和图2-3对企业创新的中介效应进行检验(温忠麟等,2014)。从图2-2的结果已知,政府补贴对企业经营关系的总效应值为0.910,且通过0.001水平的显著性检验。在图2-3中政府补贴对企业创新的直接效应为0.956,且通过0.001水平的显著性检验,企业创新对经营的直接效应为0.662,且通过0.01水平的显著性检验,而政府补贴对经营的直接效应为0.685,且没有通过0.05水平的显著性检验,所以企业创新在政府补贴与企业经营之间起到中介作用,假设 H3 得到验证。图2-3也显示出,在加入了企业创新中介变量之后,企业经营对人民"获得感"的关系基本没有发生变化。所以,中介效应表明,企业创新间接传递了政府补贴对企业经营的作用,具有间接提升人民"获得感"的效果,间接的正向影响的路径系数为0.560。

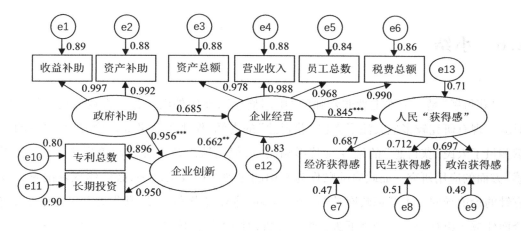

图 2-3 四变量结构方程分析结果

2.5 讨论

本章以提升人民"获得感"为目标,从政府补贴对企业经营的影响路径入手,同时考虑企业创新的中介效应,构建结构方程模型,以 2015 年 CGSS 和 A 股上市公司为样本进行实证研究。研究结果显示,三个研究假设均得到支持。

从提高人民"获得感"的总体效应看,政府补贴对企业经营有显著正向影响,与政府补贴"扶持之手"的观点是一致的。企业经营对人民"获得感"有显著正向影响,为提升人民"获得感"提供了新的理论证据和支持,从企业层面扩展了人民"获得感"的研究。政府补贴对企业经营活动起到了积极的政策引导作用,间接促进了人民"获得感"的提升,有助于实现围绕人民"获得感"、强化经济建设的宏观调控目标。

从企业创新在政府补贴和企业经营之间关系的中介作用,以及提高人民"获得感"的效果看,验证了政府补贴"扶持之手"通过科技创新的实现路径,也为深入理解科技创新对人民"获得感"的作用提供了一个新视角。

需要注意的是,也有部分文献提出了经济发展本身并不一定就能够自动带来人民福祉的全面提高(黄艳敏等,2017;石庆新等,2017;杨金龙等,2019;吴克昌等,2019)。这提醒我们,虽然没有经济发展就不会有人民福祉,但是,只有具有"获得感"的发展才能真正实现人民福祉的提升(丁元竹,2016)。如果过于看重经济增长,忽视民生体验,极可能难以充分发挥政府补贴的作用、达成预期的社会经济目标。

2.6 小结

"获得感"是一个本土性非常强的"中国概念",在国外尚不存在直接的概念与实践对应。现有研究较多地关注了人民"获得感"的内涵、作用和意义等理论方面,也有的文献测量了人民"获得感"的维度及其影响因素,但尚缺乏政府补贴政策促进人民"获得感"方面的应用研究。而政府补贴作为常用的宏观调控政策之一,必然体现着国家大政方针的价值导向。本章把政府补贴、企业创新、企业经营和人民"获得感"一并纳入当前全面建成小康社会的背景之下进行综合分析,对于深入理解政府补贴政策的经济和社会影响有一定的现实指导意义。

提高人民"获得感",除了加强思想政治引领、深化理论研究,也需要经济保障。任何概念的提出总有一定的历史背景。"获得感"的提出正处于我国全面深化改革的关键时期,改革开放的辉煌成就与经济社会发展不平衡、不全面、不可持续等问题共存。中共中央提出了"创新、协调、绿色、开放、共享"的发展理念,而这五大发展理念的归宿和落脚点——"共享"的根本目标就是要提高人民群众的获得感。"获得感"可以具体化为一系列和人民群众生产生活息息相关的指标,需要以获得实实在在的物质利益、经济利益为基础,体现在人民群众的收入增长、充分的社会保障、良好的公共服务等方方面面。以人民群众的"获得感"是否提高作为衡量发展质量、检验改革成败的标准,避免了仅以 GDP 增长作为发展指标的片面性,弥补了仅以投入产出来衡量经济绩效的缺憾,从而更科学、合理、有效地引导未来发展。

有关部门应当重视政府补贴政策对企业创新和经营活动的支持和引导。第一,不断完善政府补贴投入的管理机制,发挥对企业自主技术创新的引导作用。通过持续加强前期的科技项目论证和项目库建设,中期的实施跟踪、管理和服务和后期的验收、审核,不断加大科技成果管理力度,提高项目结题率,确保项目的顺利实施。第二,进一步加大对企业科技创新成果产业化等的扶持和奖励力度,同时借助社会媒体营造浓厚的创新氛围,调动企业自主创新的积极性,促进企业加强创新投资,扩大生产经营规模,优化产业结构。第三,以政策为导向,引领企业由经济本位向综合发展转变,增加企业吸纳就业、合法用工、环境保护和依法纳税等。企业是社会的企业,在"共享"发展逐步深入人心的过程中,履行社会责任应逐步转化为企业的自觉行动。对履行社会责任良好的企业及时给予经济奖励,引导社会责任投资流向。当企业行为与社会目标不一致时,政府补贴作为"看得见的手"应予以监督、纠偏和限制。这既有助于发挥政府补贴对经济发展的宏观调控作用,也有利于政府实现其社会管理或政绩考核的目标,从而成为保障人民"获得感"的重要举措。

本书在此方面的研究具有一定的局限性。鉴于人民"获得感"的维度很多、企业经营活动也包括多个维度,本书仅从整体角度进行探讨,存在一定的局限性,未来可进一步研究各个维度之间的关系。此外,数据受到可得条件的限制,本书仅采用了横截面数据,缺乏时间序列数据,未来可增加此方面的研究。

参考文献

[1] KARL V. L. HENRI S. , ANE T. Social Capital, Trust, and Firm Performance: The Value of Corporate Social Responsibility during the Financial Crisis [J]. The Journal of Finance, 2017, 72(4):1785-1824.

[2] SCHWARTZ. M. S. , ARCHIE B. CARROLL. Corporate Social Responsibility: A Three Domain Approach [J]. Business Ethics Quarterly, 2003, 13(4):503-530.

[3] 郭正模. "共享发展"理念下企业层面的分配与三方利益分享机制探讨 [J]. 决策咨询, 2018(02):1-5.

[4] 黄速建, 肖红军, 王欣. 论国有企业高质量发展 [J]. 中国工业经济, 2018(10):19-41.

[5] 任保平, 李禹墨. 新时代我国经济从高速增长转向高质量发展的动力转换 [J]. 经济与管理评论, 2019, 35(01):5-12.

[6] 师博, 张冰瑶. 新时代新动能新经济:当前中国经济高质量发展解析 [J]. 上海经济研究, 2018(05):25-33.

[7] 刘尚希, 傅志华, 李成威, 于雯杰. 构建现代财政补贴体系理论研究 [J]. 财政研究, 2019(09):3-11.

[8] 赵静, 陈玲, 薛澜. 地方政府的角色原型、利益选择和行为差异:一项基于政策过程研究的地方政府理论 [J]. 管理世界, 2013(02):90-106.

[9] 赵璨, 王竹泉, 杨德明, 曹伟. 企业迎合行为与政府补贴绩效研究:基于企业不同盈利状况的分析 [J]. 中国工业经济, 2015(07):130-145.

[10] 潘红波, 李丹玉. 产业政策、企业雇员和政府补贴 [J]. 宏观质量研究, 2019, 7(01): 17-30.

[11] 范子英, 王倩. 财政补贴的低效率之谜:税收超收的视角 [J]. 中国工业经济, 2019(12):23-41.

[12] ROBERT C. P. , JOSE I GALAN. The effect of R&D intensity on corporate social responsibility [J]. Journal of Business Ethics, 2010, 93(3):407-418.

[13] ROBERT C P., ROSAMARIA C M. The impact of R&D intensity on corporate reputation: interaction effect of innovation with high social benefit[J]. Intangible Capital, 2012, 8 (2):216−238.

[14] PETTI CLAUDIO, RUBINI LAURETTA, PODETTI SILVIA. Government Support and R&D Investment Effectiveness in Chinese SMEs: A Complex Relationship[J]. Asian Economic Papers, 2017, 16(1):201−226.

[15] LIU D, CHEN T, LIU X, YU Y. Do more subsidies promote greater innovation? Evidence from the Chinese electronic manufacturing industry[J]. Economic Modelling, 2018(80): 441−452.

[16] BONGSUK SUNG. Do government subsidies promote firm level innovation? Evidence from the Korean renewable energy technology industry[J]. Energy Policy, 2019 (132): 1333−1344.

[17] 尚洪涛,黄晓硕.政府补贴、研发投入与创新绩效的动态交互效应[J].科学学研究, 2018(3):446−455+501.

[18] 李晓钟,徐怡.政府补贴对企业创新绩效作用效应与门槛效应研究:基于电子信息产业沪深两市上市公司数据[J].中国软科学,2019(5):36−44.

[19] 彭红星,毛新述,张茵.政府创新补贴与公司高管自娱性在职消费:基于外部治理与积极情绪的考量[J].管理评论,2020,32(03):122−135.

[20] 曾建光,步丹璐,饶品贵.无偿划转,政府补贴与社会福利[J].世界经济,2017,40 (07):147−168.

[21] LEE E, WALKER M, ZENG C. Do Chinese state subsidies affect voluntary corporate social responsibility disclosure? [J]. Journal of Accounting and Public Policy, 2017, 36 (3):179−200.

[22] LIU Y, XU B, FORREST Q, Jeffery Y. Corporate social responsibility and decision analysis in a supply chain through government subsidy[J]. Journal of Cleaner Production, 2019(208):436−447.

[23] 魏恒,王继光,李常洪.考虑政府补贴和企业社会责任的供应链决策[J].经济问题, 2020(04):68−76,94.

[24] 梁晓蓓,江江,孟虎,杨以雄.考虑政府补贴和风险规避的绿色供应链决策模型[J]. 预测,2020,39(01):66−73.

[25] 杨国超,刘静,廉鹏,芮萌.减税激励、研发操纵与研发绩效[J].经济研究,2017,52 (08):110−124.

[26] GRECO M. , GRIMALDI M. , CRICELLI L. Hitting the Nail on the Head: Exploring the relationship between public subsidies and open innovation efficiency[J]. Technological Forecasting & Social Change,2017,118(5):213−225.

[27] 谢里,魏大超. 中国电力价格交叉补贴政策的社会福利效应评估[J]. 经济地理, 2017,37(08):37−45.

[28] SHI X. , S. SUN. Energy price, regulatory price distortion and economic growth: A case study of China[J]. Energy Economics,2017,63(3):261−271.

[29] BURKE, P. J. , S. KURNIAWATI. Electricity subsidy reform in Indonesia: Demand−side effects on electricity use[J]. Energy Policy,2018,116(5):410−421.

[30] DIMOS, C. , PUGH, G. The Effectiveness of R&D Subsidies: A Meta−Regression Analysis of the Evaluation Literature[J]. Research Policy,2016(45):797−815.

[31] 李鹏,柏维春. 人民"获得感"对政府信任的影响研究[J]. 行政论坛,2019,26(04): 75−81.

[32] 李辉婕,胡侦,陈洋庚. 资本禀赋、获得感与农民有序政治参与行为:基于 CGSS2015 数据的实证研究[J]. 农业技术经济,2019(10):13−26.

[33] 李慧,唐晓莹. 利益相关者导向与企业绩效关系分析:绿色创新的中介效应[J]. 科技进步与对策,2017,34(09):6−12.

[34] 温忠麟,叶宝娟. 中介效应分析:方法和模型发展[J]. 心理科学进展,2014,22(05): 731−745.

[35] 黄艳敏,张文娟,赵娟霞. 实际获得、公平认知与居民获得感[J]. 现代经济探讨,2017 (11):1−10,59.

[36] 石庆新,傅安洲. 获得感、政治信任与政党认同的关系研究:基于湖北省 6 所部属高校大学生的调查数据[J]. 中南民族大学学报(人文社会科学版),2017,37(01): 91−94.

[37] 杨金龙,张士海. 中国人民"获得感"的综合社会调查数据的分析[J]. 马克思主义研究,2019(03):102−112,160.

[38] 吴克昌,刘志鹏. 基于因子分析的人民"获得感"指标体系评价研究[J]. 湘潭大学学报(哲学社会科学版),2019,43(03):13−20.

[39] 丁元竹. 让居民拥有获得感必须打通最后一公里:新时期社区治理创新的实践路径 [J]. 国家治理,2016(02):18−23.

市场化程度、人民"获得感"水平和政府补贴效果

在转型经济背景下,市场机制还不完善,非市场机制能够发挥很大的作用。当前,坚持以人民为中心的发展思想已经深入人心,必会对经济政策的实施效果产生影响。因此,有必要把政府补贴、企业绩效、市场化程度和人民"获得感"水平共同纳入当前全面建成小康社会的背景之下进行综合分析,研究人民"获得感"水平和市场化程度对政府补贴效果的影响。结果表明:政府补贴正向影响企业绩效;市场化程度负向影响政府补贴的效果,人民"获得感"水平则具有正向影响;而且在人民"获得感"的作用下,市场化程度的负向影响减轻了,二者呈现出相互抵消的替代关系。这说明在当前转型经济背景下,在完善市场机制、推动要素市场化配置的进程中,增进人民"获得感"有助于更好地发挥改革措施的政策效果。

3.1 问题提出

市场化程度是我国社会主义市场经济建设的重要指标,反映了市场在资源配置中的作用。由于当前市场化进程还在推进之中,市场机制还不完善。在这种情况下,非市场机制能够发挥很大的作用(修宗峰,2016;金智等,2017;黄灿等,2019),比如地区人民"获得感"水平。当前,以人民为中心、通过全面深化改革给人民群众带来更多获得感的发展思想已经渗透到我国经济社会发展各个方面。获得感的高低直接影响着人民群众对经济形势的预期,人们的预期越乐观、信心越充分,经济行为就会越积极,孕育的经济动能就会越充足(午言,2019;陈立民,2020)。

我国正处于经济转型攻坚期,区域发展存在较大差异,需要政府进行政策干预,政府补贴是政府扮演"扶持之手"的最为直接的经济调控手段。那么,在深化市场经济体制改

革、确保全面建成小康社会和不断提升人民"获得感"的过程中,市场化程度和人民"获得感"水平对于政府补贴效果,也就是政府补贴和企业绩效之间的关系,存在着怎样的影响? 市场化程度与人民"获得感"水平对政府补贴效果的影响是相互替代、补充互助,还是各不相关呢? 尤其政府补贴兼有正面和负面双重影响的争论始终存在,所以该问题的研究对于政府市场关系改革、完善要素市场化配置机制和进一步激发微观主体活力具有重要的理论和现实意义。

3.2　文献和理论分析

3.2.1　政府补贴和企业绩效

根据上市公司披露的政府补贴信息,政府可能会基于多种原因,在附有一定的政策性使用条件的情况下对企业进行补贴。由于政策的实施效果受制于诸多不同因素的共同作用,因而其效果会存在一定程度的差异(Dimos 和 Pugh,2016)。理论上讲,"政府为达成政治目标在给予企业补贴时遵循理性经济人假设,扮演着'扶持之手'的角色"的观点认为,政府补贴等积极干预措施能够给企业进行技术改造和升级提供资金,降低企业研发和创新成本以及相应的风险,带动企业层面的创新投入、竞争力或绩效提升(Petti Claudio 等,2017;Liu D,2018;Bongsuk Sung,2019;李晓钟等,2019;彭红星等,2020)。政府补贴能使承担着社会目标的企业更好地履行责任,提高就业,提高社会福利水平,从而实现各种社会目标(曾建光等,2017;Lee 等,2017;Liu Y 等,2019;魏恒等,2020)。因此,各级政府有强烈的动机通过各种补贴刺激本地区社会经济发展,追求社会福利最大化,实现预期政绩。企业受到政策引导后,将更加积极地开展技术创新和扩大投资,不断增强核心竞争力,在政府补贴和经营绩效之间起到纽带作用。当然,也有少数上市公司在年报中没有对政府补贴的理由、性质等进行明确说明,这使得政府补贴的合理性和有效性受到怀疑。也有的文献提供了将政府补贴称之为"掠夺之手"的原因:高额补贴抑制创新(杨国超 2017;Liu D,2018),刺激在职消费(彭红星等,2020),损失效率、降低社会福利水平(谢里等,2017;Burke 等,2018),无助于提升企业绩效和社会效益的改善等。基于此,提出了竞争性假设 H1。

H1a:政府补贴对企业绩效有正向促进作用。

H1b:政府补贴对企业绩效有负向促进作用。

3.2.2 市场化程度的影响

在当前经济转型过程中,市场化程度起到越来越重要的作用。由于我国区域经济水平差异明显,省际市场化程度参差不齐,造成了同一宏观制度下的企业所处不同区域的市场制度情境差异。一般认为,市场化程度既能间接影响企业行为,也能间接作用于政府补贴的效果(吴成颂等,2015)。当地区的市场化程度较低时,政府配置资源的干预动机更强,更容易通过名目繁多的补贴将其政治意图和政绩目标灌注于企业经营活动之中(Wu,2017;范寒冰等,2013;陈东等,2019),比如政府补贴增强了地区信贷资源配置的政治导向性(康志勇,2016;Chen等,2018;李骏等,2019),从而影响企业融资行为。相比之下,较高的市场化程度淡化了这种政治影响(黄宇虹,2018;高山行等,2018),资源配置中的市场作用更突出(侯青川等,2015),市场信息的透明度增加,企业直接从市场中获取宏观调控信息或关键性创新资源的难度降低,企业与政府之间的关联对企业发展的影响力逐渐减弱,企业更多依靠市场规则实现自身发展(戴浩等,2018)。那么,在新时代加快完善社会主义市场经济体制的背景之下,市场配置资源的决定性作用将不断显现,政府则持续推进"放管服"改革,政府补贴的干预作用将有所减弱。基于此,提出假设 H2。

H2:市场化程度能够负向影响政府补贴的效果。

3.2.3 人民"获得感"的影响

"获得感"一词较新,关于其与企业理论相结合的研究尚不丰富。党的十九大报告把获得感、幸福感、安全感并列提出(马振清等,2017),深刻阐释了三者的内在逻辑关系(郑风田等,2017;金伟等,2013;王俊秀等,2019),使本章能够借鉴幸福感的相关成果作为理论基础进行探讨,即获得感作为一种积极的情感与心态,反映了个体对所处地区的认同感、归属感、安全感和满足感等,也是一种内在驱动力,能够潜移默化地影响到日常生活的方方面面,与幸福感一样普遍地存在显著的正外部性,能增强经济发展效果(Chuluun等,2016;Adler等,2017;De Neve等,2018)。也可以从社会资本的角度(修宗峰等,2016;Oshio,2017),把人民"获得感"视为类似幸福感的地区社会资本,是对该地区的自然环境、交通状况、文明程度、教育医疗水平、治安状况、生活便利、发展水平等状况的综合反映,能在一定程度上代表该地区的信任、网络、规范等社会资本水平的高低,是影响企业发展的重要社会资源。

现有研究重视政府补贴和市场化改革等的重要性,实际上像人民"获得感"等根植于中国国情且影响深远的非市场机制也具有很强的解释力。因为在转型经济中,市场化改革具有不确定性、间断性、模糊性等缺点,其不足之处容易对企业经营的正常秩序产生干扰,不利于企业的发展(徐勇等,2018)。人民"获得感"无论作为类似幸福感的积极情感与心态还是社会资本,都能够通过互惠和信任等能够大大降低社会成员信息沟通中的不确定因素,使人们形成稳定预期,从而缓解个人理性与集体理性的冲突,使社会成员变成具有共同利益的、对社会关系有共同预期的社会共同体。行为经济研究也表明,人们深受地区环境和当地文化的影响,企业管理者等个体的偏好和决策也往往会参照地区群体行为而具有共通性(Sunder等,2017;Bryan,2018;戴云,2018;毛文秀等,2019),从而影响企业经营和绩效。所以,企业会关注和乐于接受政府补贴政策引导,从而产生更加积极的经济行为,给经济增长带来"精神动力"和行动支持。其实这也符合政府实施补贴政策的初衷。因为财政是"国家治理的基础和重要支柱",必然全面体现当前政策倡导的社会治理意图和价值指向。基于此,提出假设 H3。

H3:人民"获得感"能够正向促进政府补贴的效果。

然而,在市场化程度较高的地区,人民"获得感"作为一种地区社会资本对政府补贴效果的影响将有所弱化,因为对于企业与政府间的关系而言,市场化程度较高意味着企业可能通过市场方式获得资源,非市场机制对经济发展的作用将在一定程度上被取代,类似幸福感的正外部性或社会资本的促进作用将会递减(王亚楠等,2016)。相比之下,在市场化程度较低的地区,人民"获得感"作为一种积极情感与心态或社会资本则成为补充市场"硬"规则的"软"措施,更能够促进政府补贴的效果。于是,人民"获得感"好像社会经济系统运作的"黏合剂"和"润滑剂",能够减缓市场机制带来的负面影响,在"五位一体"全面建成小康社会的背景下,与政府补贴的政策预期是契合一致的。基于此,提出假设 H4。

H4:人民获得水平和市场化程度对政府补贴效果的影响具有替代关系。

3.3　研究设计

3.3.1　数据和变量

市场化程度采用市场化指数衡量,用以表示我国省级区域间的制度差异。市场化指数来源于王小鲁等编制的中国分省份市场化指数报告 2018。

对于人民"获得感"的测量,本章采用了李鹏等(2019)和李辉婕等(2019)使用的2015年中国综合社会调查(Chinese General Social Survey,CGSS)的测量维度,分为民生获得感、政治获得感和经济获得感。题项得分按照CGSS量表定序测量,得分采用因子分析法计算。本章根据研究需要尽量保留相关题项,同时剔除数据缺失较多的题项,得到3777份有效问卷,覆盖全国28个省份(不含琼新藏)。

对政府补贴、企业绩效变量,分别以企业年报中利润表的政府补贴项目的对数和资产报酬率衡量。其数据来源于同花顺网站,剔除数据缺失、金融类企业等,得到符合条件的2015年28个省份A股上市公司样本2 701个。

控制变量选取了企业的资产规模、收入规模、企业所在区域的经济水平和区位作为微观和宏观层面的控制变量。宏观层面的两个控制变量的数据来源于国家统计局网站的公开数据。

表3-1 变量定义

类型	名称	代码	度量指标	度量方法
因变量	企业绩效	ROA	资产报酬率	净利润/总资产
自变量	政府补贴	LNBZ	政府补贴金额	企业年报的政府补贴的对数
	获得感水平	GAIN	因子得分	因子分析法的总分
	市场化程度	ZHI	市场化指数	中国分省份市场化指数报告
控制变量	企业资产规模	LNZC	企业资产总额	年报资产总额的对数
	企业收入规模	LNYS	营业收入总额	年报营业收入总额的对数
	区域经济水平	GDP	区域GDP	区域GDP的对数
	企业所在地区	SHENG	各省的区位	各省的东中西区位划分

3.3.2 模型设计

采用回归模型检验人民"获得感"水平和市场化程度对政府补贴效果的影响后果。基准模型(1)用于检验政府补贴和企业绩效之间的关系,在此基础上加入市场化指数构造模型(2),检验市场化程度对于政府补贴效果的影响,同理,构造模型(3)检验人民"获得感"水平对政府补贴效果的影响,模型(4)则将人民"获得感"水平和市场化程度共同纳入,考察两者对政府补贴效果的共同作用。模型中的变量定义见表3-1。

$$ROA = \beta0 + \beta1LNBZ + \beta2LNZC + \beta3LNYS + \beta4GDP + \beta5SHENG + \varepsilon \tag{1}$$

$$ROA = \beta0 + \beta1ZHI + \beta2LNBZ + \beta3LNZC + \beta4LNYS + \beta5GDP + \beta6SHENG + \varepsilon \qquad (2)$$

$$ROA = \beta0 + \beta1GAIN + \beta2LNBZ + \beta3LNZC + \beta4LNYS + \beta5GDP + \beta6SHENG + \varepsilon \qquad (3)$$

$$ROA = \beta0 + \beta1GAIN + \beta2zhi + \beta3LNBZ + \beta4LNZC + \beta5LNYS + \beta6GDP + \beta7SHENG + \varepsilon \qquad (4)$$

3.4 实证结果分析

3.4.1 描述性统计分析

人民"获得感"是根据文献的量表进行测量计分的,需要对其进行验证性因子分析,检验信度和效度。表3-2为利用SPSS和AMOS24.0处理数据得到的结果。可靠性检验结果显示,人民"获得感"的Cronbach's α 为0.760,呈现出较好的一致性。从组合信度来看,四个潜变量的组合信度(C.R.)值均大于0.6,说明内在质量较好。AVE值均达到0.5,表示收敛效度合理。从内容效度来看,该变量是在文献研究基础上结合CGSS数据进行的测量,具有较高的内容效度。

表3-2 人民"获得感"量表验证性因子结果

测量指标	测量维度	标准化因子荷载	临界比	C.R.	AVE	Cronbach's α
人民"获得感"	经济获得感	0.682		0.7771	0.5386	0.760
	民生获得感	0.797	3.948			
	政治获得感	0.718	3.165			

以下的数据处理均由Stata15.0完成。表3-3是变量的描述性统计结果。资产收益率的最大值为48.57%,最小值为-74.25%,其标准差是变量中最大的,表明企业之间的盈利水平存在较大差异。政府补贴的最大值和最小值也有较大差距,表明企业获得的政府支持力度并不均衡。市场化指数是同样的情况,说明从地区发展的角度看,市场化程度存在显著的差异。但是,三个指标的平均数和中位数比较接近,反映出数据分布的集中趋势比较稳定。相比之下,人民"获得感"的最大值和最小值的差异不大,说明地区间的差异比较小,反映出提升人民"获得感"的政策措施一直处于稳步推进态势。

表3-3 描述性统计

	平均值	标准差	最小值	最大值	中位数
ROA	3.989	8.562	−74.252	48.569	3.974
LNBZ	6.868	2.068	−1.609	13.581	6.987
ZHI	6.915	1.842	3.130	10.000	6.900
GAIN	0.000	0.165	−0.413	0.236	0.039
LNZC	12.977	1.475	6.769	21.521	12.769
LNYS	12.145	1.564	6.540	19.123	11.996
GDP	9.885	0.791	7.790	11.200	9.899
SHENG	1.070	0.813	0.000	2.000	1.000

表3-4 相关性系数和VIF

	VIF	ROA	LNBZ	ZHI	GAIN	LNZC	LNYS	GDP	SHENG
ROA		1.000							
LNBZ	1.34	0.096***	1.000						
ZHI	2.51	−0.091***	0.008	1.000					
GAIN	1.80	0.095***	−0.013	−0.631***	1.000				
LNZC	4.12	−0.019	0.411***	0.061***	0.003	1.000			
LNYS	4.51	0.067***	0.499***	0.013	0.038**	0.867***	1.000		
GDP	2.00	−0.076***	0.029	0.682***	−0.540***	0.104***	0.046**	1.000	
SHENG	1.10	−0.021	−0.008	−0.186***	−0.043**	−0.056***	−0.042**	−0.008	1.000

注：*表示 $p<0.05$，**表示 $p<0.01$，***表示 $p<0.001$，双尾检验。

表3-4给出了各变量之间的 Pearson 相关系数。结果表明各变量间存在一定的相关性。资产收益率与政府补贴、市场化指数和人民"获得感"的相关系数分别为0.096、−0.091、0.095,在0.001的水平上显著,预期假设可能通过验证。由于相关性分析仅仅初步分析变量之间的相关性,所以研究假设是否成立仍然需要进一步检验。对回归模型涉及的变量进行共线性检验,相应的方差膨胀因子 VIF 都小于5,说明变量之间的信息重叠程度较低,回归不存在严重的多重共线性问题,不会对研究结论造成影响。

3.4.2 回归结果分析

回归模型的结果如表3-5所示。

表3-5 样本回归结果

	模型（1）ROA	模型（2）ROA	模型（3）ROA	模型（4）ROA
LNBZ	0.313***	0.313***	0.324***	0.321***
	(0.0905)	(0.0903)	(0.0904)	(0.0903)
LNZC	−1.682***	−1.678***	−1.689***	−1.685***
	(0.223)	(0.222)	(0.222)	(0.222)
LNYS	1.544***	1.529***	1.517***	1.514***
	(0.220)	(0.219)	(0.219)	(0.219)
GDP	−0.0762***	−0.00758	−0.0259	0.00444
	(0.0237)	(0.0327)	(0.0281)	(0.0331)
SHENG	−0.0236	−0.0375*	−0.0204	−0.0302
	(0.0180)	(0.0186)	(0.0180)	(0.0189)
ZHI		−0.0999**		−0.0638
		(0.0329)		(0.0369)
GAIN			0.0187***	0.0137*
			(0.00568)	(0.00637)
常量	5.901***	6.582***	5.319***	5.909***
	(1.473)	(1.488)	(1.481)	(1.519)
N	2701	2701	2701	2701
R^2	0.037	0.040	0.041	0.042
F	20.58***	18.74***	19.03***	16.75***

注：括号内是标准误，* 表示 $p < 0.05$，** 表示 $p < 0.01$，*** 表示 $p < 0.001$，双尾检验。

模型（1）检验了企业绩效与政府补贴之间的关系，政府补贴的系数为 0.313，且通过 0.001 水平的显著性检验，表明政府补贴正向促进了企业绩效，验证了假设 H1a。模型（2）中市场化指数的系数为−0.0999，且通过 0.01 水平的显著性检验，表明市场化程度对政府补贴与企业绩效的关系产生了负向的显著性影响，验证了假设 H2，但政府补贴的系数并没有发生明显变化，反映出市场在资源配置方面的影响是有限的，还没有完全起到决定性作用。模型（3）中人民"获得感"的系数为 0.0187，且通过 0.001 水平的显著性检验，表明人民"获得感"的地区水平对政府补贴与企业绩效的关系产生了正向的显著性影响，支持了假设 H3。模型（4）包括了市场化程度和人民"获得感"的综合影响。市场化指数的系数为−0.0638，且达不到在 0.05 的水平上显著，表明市场化程度的负面影响明显减轻了,而人民"获得感"的系数为0.0137,且通过0.05水平的显著性检验,表明人民"获得感"仍然具有正向影响,此时政府补贴的系数为0.321,仍然通过0.001水平的显著性检验;但是与模型(3)相比,政府补贴的系数和人民"获得感"的系数均有所下降,可见人民"获得感"的作用效果还是受到了市场化程度的影响,二者呈现出相互抵消的替代关系。这一结论验证了假设H4。

3.4.3 稳健性检验

稳健性检验采用了变量替换的方法。选择常见的变量进行替换,用ROE替代ROA作为因变量,用政府补贴与营业收入的比值BZ替代政府补贴对数LNBZ作为自变量,用员工数量的对数LNYG和无形资产等长期投资的对数LNCZ,替代资产总额的对数LNZC和营业收入总额的对数LNYS,作为控制变量,其他变量保持不变。然后重新构建回归模型进行检验。稳健性检验结果如表3-6所示,模型顺序与表3-5——对应,其结果保持一致,与研究假设相符。

表3-6 稳健性检验结果

	模型(1) ROE	模型(2) ROE	模型(3) ROE	模型(4) ROE
LNBZ	0.352***	0.345***	0.349***	0.345***
	(0.0879)	(0.0878)	(0.0878)	(0.0878)
LNYG	−0.582***	−0.559***	−0.566***	−0.556***
	(0.167)	(0.167)	(0.166)	(0.167)
LNCZ	0.390***	0.385***	0.385***	0.383***
	(0.116)	(0.115)	(0.115)	(0.115)
GDP	−0.0820***	−0.0340	−0.0443	−0.0246
	(0.0217)	(0.0300)	(0.0257)	(0.0304)
SHENG	−0.023	−0.0326	−0.0204	−0.0266
	(0.0166)	(0.0171)	(0.0166)	(0.0174)
ZHI		−0.0702*		−0.0413
		(0.0304)		(0.0341)
GAIN			0.0141**	0.0109*
			(0.00521)	(0.00585)

续表 3-6

	模型(1) ROE	模型(2) ROE	模型(3) ROE	模型(4) ROE
常量	2.633 **	2.953 **	1.895	2.251 *
	(0.939)	(0.948)	(0.977)	(1.020)
N	2692	2692	2692	2692
R^2	0.019	0.021	0.022	0.023
F	10.57 ***	9.71 ***	10.05 ***	8.83 ***

注:括号内是标准误,* 表示 $p < 0.05$,** 表示 $p < 0.01$,*** 表示 $p < 0.001$,双尾检验。

3.5 讨论

本章从政府补贴与企业绩效的关系着手,以 2015 年 A 股上市公司为样本,构建回归模型,对人民"获得感"和市场化程度的影响进行实证研究。从基础模型看,政府补贴对企业经营绩效有显著正向影响,验证了"扶持之手"的观点。市场化程度负向影响政府补贴与企业绩效的关系,人民"获得感"水平则正向影响了政府补贴和企业绩效的关系,而且在人民"获得感"的影响下,市场化程度的负向影响减轻了,二者呈现出相互抵消的替代关系。这表明在当前转型经济背景下,在完善市场机制、推动要素市场化配置的进程中,增进人民"获得感"有助于更好地发挥改革措施的政策效果。

可见,尽管伴随着西部大开发、东北振兴和中部崛起等国家战略的实施,我国中部、西部及东北地区的市场化进程有加快的趋势,与东部的差距在趋于缩小,但是由于当前市场化改革并未完成,仍然需要不断深化。而深化改革的初心正是满足人民群众获得感。从人民"获得感"的立场出发,政府补贴政策更加能够获得社会支持、凝聚社会共识,使人民群众对未来形成更加稳定的心理预期,社会行动更加一致,产生经济效能。从长远来看,市场化与人民"获得感"在促进政府补贴效果方面应当是一致的,是互相补充、互相配合、相辅相成的,遵循着正式制度与非正式制度之间的互动式变迁演进规律,在资源的市场化配置和人民"获得感"的社会调节之间呈现出鲜明的复合性特征。

3.6 小结

由于在转型经济背景下,市场机制还不完善,非市场机制能够发挥很大的作用。当前坚持以人民为中心的发展思想,提升人民"获得感"的社会理念已经深入人心。获得感越高,人民群众对未来的美好生活的向往就越充满自信,有助于营造出更加和谐的社会经济环境,有助于企业更加坚定地响应国家政策,加强科技创新,扩大长期投资,谋求持续发展。本章把政府补贴、企业绩效、市场化程度和人民"获得感"水平一并纳入当前全面建成小康社会的背景之下进行综合分析,对于深入理解当前以人民为中心的发展思想和市场化改革如何影响政府补贴等经济政策的实施效果有一定的现实指导意义。有关部门应当重视政府补贴政策对企业经营活动的支持和引导,以及市场化进程和人民"获得感"对其政策实施的影响,及时发现、避免市场化改革的问题,积极发挥人民"获得感"的导向作用,将有利于政府实现其社会管理或政绩考核的目标,从而成为保障全面建成小康社会的重要举措。

鉴于市场化指数和人民"获得感"的维度很多,企业绩效也包括多个维度,本研究仅从整体角度进行探讨,存在一定的局限性,未来可进一步研究各个维度之间的关系。此外,受到数据可得条件的限制,本次研究仅采用了横截面数据,缺乏时间序列数据,未来可增加此方面的研究。

参考文献

[1]修宗峰,周泽将.地区幸福感、社会资本与企业公益性捐赠[J].管理科学,2016,29(02):146-160.

[2]金智,徐慧,马永强.儒家文化与公司风险承担[J].世界经济,2017,40(11):170-192.

[3]黄灿,贾凡胜,蒋青嬗.中国宗教传统与企业创新:基于佛教传统的经验证据[J].管理科学,2019,32(04):62-75.

[4]午言."获得感"激发新动力[N/OL].人民日报,2019-08-05(18).http://paper.people.com.cn/rmrb/html/2019-08/05/nw.D110000renmrb_20190805_2-18.htm

[5]陈立民.以"获得感"激发"新动能"[N/OL].新华日报.2020-05-21(2).http://xh.xhby.net/mp3/pc/c/202005/21/c777756.html.

[6]DIMOS C.,PUGH G.The Effectiveness of R&D Subsidies:A Meta-Regression Analysis of

the Evaluation Literature[J]. Research Policy,2016(45):797-815.

[7]PETTI CLAUDIO,RUBINI LAURETTA,PODETTI SILVIA. Government Support and R&D Investment Effectiveness in Chinese SMEs:A Complex Relationship[J]. Asian Economic Papers,2017,16(1):201-226.

[8]LIU D.,CHEN T.,LIU X.,et al. Do more subsidies promote greater innovation? Evidence from the Chinese electronic manufacturing industry[J]. Economic Modelling,2018(80):441-452.

[9]BONGSUK SUNG. Do government subsidies promote firm level innovation? Evidence from the Korean renewable energy technology industry [J]. Energy Policy, 2019 (132): 1333-1344.

[10]李晓钟,徐怡.政府补贴对企业创新绩效作用效应与门槛效应研究:基于电子信息产业沪深两市上市公司数据[J].中国软科学,2019(5):36-44.

[11]彭红星,毛新述,张茵.政府创新补贴与公司高管自娱性在职消费:基于外部治理与积极情绪的考量[J].管理评论,2020,32(03):122-135.

[12]曾建光,步丹璐,饶品贵.无偿划转,政府补贴与社会福利[J].世界经济,2017,40(07):147-168.

[13]LEE E.,WALKER M.,ZENG C.. Do Chinese state subsidies affect voluntary corporate social responsibility disclosure? [J]. Journal of Accounting and Public Policy,2017,36(3):179-200.

[14]LIU Y.,QUAN B. T.,XU Q.,et al. Corporate social responsibility and decision analysis in a supply chain through government subsidy[J]. Journal of Cleaner Production,2019(208):436-447.

[15]魏恒,王继光,李常洪.考虑政府补贴和企业社会责任的供应链决策[J].经济问题,2020(04):68-76,94.

[16]杨国超,刘静,廉鹏,芮萌.减税激励、研发操纵与研发绩效[J].经济研究,2017,52(08):110-124.

[17]谢里,魏大超.中国电力价格交叉补贴政策的社会福利效应评估[J].经济地理,2017,37(08):37-45.

[18]BURKE,P. J.,S. KURNIAWATI. Electricity subsidy reform in Indonesia:Demand-side effects on electricity use[J]. Energy Policy,2018,116(5):410-421.

[19]吴成颂,黄送钦.基于企业社会责任视角的政府补贴效果研究:来自中国沪市 A 股制造业的经验证据[J].南京审计学院学报,2015,12(02):92-103.

[20]WU AIHUA. The signal effect of Government R&D Subsidies in China:Does ownership matter?［J］. Technological Forecasting & Social Change,2017(117):117339-345.

[21]范寒冰,徐承宇. 我国政府补贴促进了企业实质性创新吗?:基于中国企业劳动力匹配调查的实证分析[J]. 暨南学报(哲学社会科学版),2018,40(07):1-13.

[22]陈东,邢霖. 政府补贴会提升企业的投资规模和质量吗:基于国有企业和民营企业对比的视角[J]. 山西财经大学学报,2019,41(08):84-99.

[23]康志勇. 政府补贴与企业长期债务融资研究:基于中国企业层面的分析[J]. 上海金融,2016(08):14-22.

[24]CHEN JIN, CHENG SUANGHENG, BERNARD C. Y. Tan, Lin Zhijie. The distinct signaling effects of R&D subsidy and non-R&D subsidy on IPO performance of IT entrepreneurial firms in China[J]. Research Policy,2018,47(1):108-120.

[25]李骏,万君宝. 研发补贴与融资约束:信号效应的检验[J]. 上海财经大学学报,2019,21(06):81-95,152.

[26]黄宇虹. 补贴、税收优惠与小微企业创新投入:基于寻租理论的比较分析[J]. 研究与发展管理,2018,30(04):74-84.

[27]高山行,肖振鑫,高宇. 企业制度资本对新产品开发的影响研究:市场化程度与竞争强度的调节作用[J]. 管理评论,2018,30(09):110-120.

[28]侯青川,靳庆鲁,陈明端. 经济发展、政府偏袒与公司发展:基于政府代理问题与公司代理问题的分析[J]. 经济研究,2015,50(01):140-152.

[29]戴浩,柳剑平. 政府补贴对科技中小型企业成长的影响机理:技术创新投入的中介作用与市场环境的调节作用[J]. 科技进步与对策,2018,35(23):137-145.

[30]马振清,刘隆. 获得感幸福感安全感的深层逻辑联系［EB/OL］. (2017-12-15) http://theory. people. com. cn/n1/2017/1215/c40531-29709072. html.

[31]郑风田,陈思宇. 获得感是社会发展最优衡量标准:兼评其与幸福感、包容性发展的区别与联系[J]. 人民论坛·学术前沿,2017(02):6-17.

[32]金伟,陶砥. 新时代民生建设的旨归:增强群众获得感、幸福感与安全感[J]. 湖北社会科学,2018(05):153-157.

[33]王俊秀,刘晓柳. 现状、变化和相互关系:安全感、获得感与幸福感及其提升路径[J]. 江苏社会科学,2019(01):41-49+258.

[34]CHULUUN T. , GRAHAM C. . Local happiness and firm behavior:Do firms in happy places invest more?［J］. Journal of Economic Behavior and Organization,2016(125):41-56.

[35]ADLER M. D.,DOLAN P.,KAVETSOS G.. Would you choose to be happy? Tradeoffs between happiness and the other dimensions of life in a large population survey[J]. Journal of Economic Behavior and Organization,2017(139):60−73.

[36]DE NEVE J. E.,WARD G.,DE KEULENAER F.,et al. The asymmetric experience of positive and negative economic growth:Global evidence using subjective well−being data [J]. Review ofEconomics and Statistics,2018,100(2):362−375.

[37]OSHIO T.. Which is more relevant for perceived happiness,individual− level or area− level social capital? A Multilevel Mediation Analysis[J]. Journal of Happiness Studies, 2017(18):765−783.

[38]SUNDER J,SUNDER S V,Zhang J. Pilot CEOs and corporate innovation[J]. Journal of Financial Economics,2017,123(1):209−224.

[39]BRYAN S. GRAHAM. Identifying and estimating neighborhood effects[J]. Journal of Economic Literature,2018,56(2):450−500.

[40]戴云.地区幸福感能提高企业的投资水平吗?:基于我国上市公司的经验证据[J].西部论坛,2018,28(03):107−115.

[41]毛文秀,叶显.地区幸福感对区域企业投资的影响研究[J].金融发展研究,2019(01):26−36.

[42]徐勇,陈国伟.机构投资者真的是价值创造者吗?:基于制度环境调节效应的检验[J].中山大学学报(社会科学版),2018,58(03):189−198.

[43]王亚楠,胡雪艳,姜照君.社会资本、市场化程度与文化创意产业创新:来自中小微文化创意企业的调研数据[J].西北大学学报(哲学社会科学版),2016,46(06):104−111.

[44]李鹏,柏维春.人民"获得感"对政府信任的影响研究[J].行政论坛,2019,26(04):75−81.

[45]李辉婕,胡侦,陈洋庚.资本禀赋、获得感与农民有序政治参与行为:基于 CGSS2015 数据的实证研究[J].农业技术经济,2019(10):13−26.

环境规制、环保补贴和污染企业环保投资

环境保护事关社会经济的全局和长远发展。污染企业生产经营活动的负面环境影响日益为全社会所关注。政府既在持续增强对污染企业的生产整顿、责任监管和建章立制等,又不断加大对污染企业的环保扶持力度,支持其实现环境友好式发展。本章以2013—2019 年污染行业的上市企业为样本,采用双重差分倾向值匹配方法,探讨在环境规制条下件,环保补贴对企业环保投资的影响。实证结果表明,环保补贴显著促进了污染企业环保投资增长;环境规制是最有力的影响因素。异质性分析表明,国有企业和民营企业的环保投资显著受到了环保补贴的正向影响;环保补贴对国有企业环保投资的影响程度和显著性更加突出;环保补贴对高管有技术背景的企业的环保投资有显著的促进作用;对高管无技术背景的企业无显著影响。政府应当继续增强环保规制力度,加大对污染企业的环保补贴,污染企业应当正视环保投资的社会经济效果,主动进行环保投资。

4.1 问题提出

环境污染已经成为全世界的共性问题。污染企业作为市场经济的重要参与者以及污染物的主要排放者,应当在兼顾经济发展的同时主动加大环保投资,承担环保责任。中国政府已经把环境问题上升到国家战略层面,一方面大力整顿污染行业,严格淘汰不符合行业准入条件的企业;另一方面大力支持污染企业进行环保投资,实践可持续发展。

在环境治理研究中,政府是不可忽视的力量。纵观经典文献,有关政府对企业环保投资影响的研究结论并不一致,有所谓的"支持之手"和"掠夺之手"之说。原因是多方面的,其中支持与惩罚是应同时考虑的两个影响因素,政府对企业实施环保补贴政策过程中的选择性偏差也不应被忽视(Boeing,2016;Méndez-Morales 等,2019;章元等,2018)。

为此,本章综合这三个因素来探讨环境规制条件下的环保补贴对污染企业环保投资的影响,以及进行企业所有权和高管技术背景的异质性分析,为污染企业的环保政策提供理论支持和学术意见。

4.2　理论分析与研究假设

环境外部性理论认为,环境是一种具有外部性和不确定性的特殊经济产出。由于外部性的存在,企业自身生产活动造成的环境污染成本基本是由社会而非企业自身承担。企业往往偏好实实在在的当前利益,而从可持续发展的角度讲,企业的环境产出涉及未来利益与当前利益的权衡,未来具有不确定性。外部性、不确定性等市场失灵的客观存在,导致企业为了获取短期利益不考虑环境成本,造成环境恶化,因此需要政府参与。政府对环境问题的治理往往是支持与惩罚合二为一的。

环境规制作为强制性环境治理手段,强制要求企业进行环保投资,否则将会受到法律惩罚。根据我国环境保护法"谁污染谁治理"的原则,污染企业作为环境污染的主体源头,必须承担环境保护的责任,进行环保投资。然而,环境作为典型公共产品的特殊外部性,使得社会难以向污染企业追偿额外损失。加之,污染治理以社会效益为主,以及企业的环保投资不能带来短期收益,所以企业自身的逐利性决定了企业不愿主动实施环保投资。同时,企业普遍面临着资本市场的融资约束。所以,即使在严格的环境规制面前,企业的环保行为也是被动性、配合性的,普遍存在着企业环保投资不足(谢智慧等,2018)等现象。为此,中国政府安排了大量的环保补贴,鼓励污染企业进行环保投资。

一般认为,环保补贴为污染企业提供了直接的资金注入,缓解了内源融资压力。同时,环保补贴向外界传递了政府支持的认证效应,有助于吸引银行等外部机构投资者进入,间接拓宽了企业环保活动的资金渠道;在产品市场上,美化了企业形象,提升了社会声誉,有助于扩大市场需求和改善供销关系。也就是说,环保补贴不仅直接或间接为企业提供了资金,还改善了生产要素环境,所以,环保补贴能够激励企业的环保投资活动,实现企业生产与经济可持续发展的良性互动。同时,环保补贴也为企业引致了更强的政府规制与监督压力(Li等,2017),违反环境规制的惩罚信息将导致消极的经济损失和声誉损失。这促使企业通过增加环保投资来提升环境行为合法性,特别是对那些环境敏感的污染企业(Pellegrino等,2012)。

综上,政府会补贴企业,激励企业加强环保投资,在环境污染严重的地区,惩罚性的环境规制和支持性的环保补贴往往一并使用(张功富,2013)。这就是所谓的"支持之手",然而"掠夺之手"之论亦不可忽视。因为政府可能会利用手工的权利寻租,或被某些利益集团操纵谋求私利。在此,我们提出竞争性假设:

H1a:在环境规制条件下,环保补贴正向促进了污染企业的环保投资。

H1b:在环境规制条件下,环保补贴负向降低了污染企业的环保投资。

在此基础上,我们还注意到很多文献发现政府对不同类型企业的环保投资的影响存在差异。我们进一步分析企业所有权和高管技术背景的异质性影响。

国有企业处于政府的控制之下,是政府影响的直接对象。与民营企业相比,国有企业与政府之间有着天然的联系,容易得到更多的政策支持和政府资源,国有企业会更加关注政府影响下的环保投资(Guo 等,2016)。因为国有企业的高管通常是通过政治程序选出的,在任期内,他们在制定战略决策时更倾向于以配合国家政策目标为导向,避免违反环境规制,从而确保他们的晋升。但是,国有企业内部的股权高度集中以及组织结构冗余问题极易导致积极性和效率低下(Jin,Shang and Xu,2018)指出政府补贴对民营企业的正向影响更加显著。综合以上分析,由于"政治"优势问题,环保补贴对国有企业和民营企业的效果存在差异。因此,我们提出以下假设。

H2a:在环境规制条件下,环保补贴对国有企业环保投资的促进作用更强。

H2b:在环境规制条件下,环保补贴对民营企业环保投资的促进作用更强。

政府在选择政策实施对象时,会依靠一些显性信号进行决策,以免受到信息不对称的干扰,其中,企业高管团队的技术背景是政府着重考虑的(Giannetti 等,2015)。因为根据"高层梯队理论",高管所具有的不同类别的特征会带来差异性效果。有技术背景的高管更倾向于学习和了解行业最新动态,在资源分配时会有意识地投资更多资本,提前应对环境规制的约束。而且,具有专业背景和经验的高管团队在制定环保投资策略、把控流程和预估风险收益方面更具科学性。因此,企业在获取稀缺的环保补贴时,需要表明其素质和环保态度。在此,我们提出以下假设。

H3:在环境规制条件下,环保补贴对高管有技术背景的企业环保投资的促进作用更强。

4.3 研究设计

4.3.1 研究方法

本章旨在评估在环境规制条件下,环保补贴对企业环保投资的影响。为了解决评估政策中的样本选择偏差,双重差分倾向值匹配法 PSM–DID 被广泛应用于实证研究(Boeing,2016;Méndez–Morales 等,2019;章元等,2018)。本章下面采用了章元等(2018)的匹配过程。

首先,利用 PSM 法对样本进行匹配。样本分为实验组和对照组,实验组是至少获得一次环保补贴的企业,其余企业是对照组。如果企业在期间内多次取得环保补贴,仅选其第一次获得补贴的年份作为事件年。然后,选出影响企业获得环保补贴概率的变量矩阵 X,使用 Logit 模型估算获得环保补贴的概率方程。变量矩阵包括企业规模、财务杠杆、所有权性质、高管技术背景、地区环境规制和地区经济水平。为控制反向因果关系,对控制变量滞后一期。对于实验组,将企业首次获得环保补贴的年份定义为 t,然后根据 t−1 期的特征和表现,将在 t 期内获得补贴的实验组样本与对照组进行匹配。

$$P(Esub_{it}=1 \mid L.X) = F(L.X) \tag{1}$$

令每一家企业 i 在 t 时刻获得环保补贴的概率为 P_{it},然后根据最小距离法,即 $\min_{j \neq i} |Pit-Pjt|$,为每一家实验组企业找一个匹配的企业 j。

最后,基于匹配后的样本,当满足平行性假设条件时,则利用 DID 方法对环保补贴效果进行评估。此时,我们利用未获得环保补贴的企业作为对照组,以对照组在补贴政策前后的环保投资水平变化作为普遍的时间趋势对补贴政策进行评估。环保补贴效果等于获得补贴的企业在被补贴前后的环保投资水平变化减去根据对照组计算得出的时间趋势。根据 DID 方法的思想,构造以下模型:

$$Y_{it} = \alpha_0 + \sum \varphi_t Year_t + \delta Esubd_i Post_t + \gamma Post_t + v_i + \beta X + \varepsilon_{it} \tag{2}$$

其中,Y 是企业环保投资,i 和 t 分别代表企业与年份,v_i 为企业固定效应,$Year$ 为年份虚拟变量,X 是控制变量,$Esubd_i$ 为获得环保补贴的企业虚拟变量。$Post_t$ 为时期变量,若企业已经获得环保补贴则值为 1。对于对照组而言,当实验组企业获得环保补贴时取值为 1。$Esubd_i Post_t$ 的估计系数为:

$$\Delta Y_i = E(Y_{i,t} \mid Esub_{i,t}=1) - E(Y_{i,t-1} \mid Esub_{i,t}=0) - \left[E(Y_{j,t} \mid Esub_{j,t}=0) - E(Y_{j,t-1} \mid Esub_{j,t-1}=0) \right] \tag{3}$$

4.3.2　样本和数据

本章选取 2013—2019 年我国沪、深 A 股的污染企业作为研究样本。地区环境规制和经济水平数据来源自中国环境年鉴、中国工业统计年鉴和中国统计年鉴。企业财务数据来自 CSMAR 数据库。为了减轻异常值影响,剔除了被特殊处理的 ST 类企业和重要变量有数据缺失的样本,最后得到的样本包括782家企业和5 180项有效观测值①。为消除极端值的影响,我们在1%和99%水平对所有连续变量进行了 Winsorize 处理。所有数据处理均采用 Stata15.0 软件。

4.3.3 变量定义

本章的主要变量有三个:环境规制、环保补贴与企业环保投资。遵循现有文献研究习惯,变量定义如表4-1所示。

(1)环境规制。参照袁丽静等(2017)对环境规制测量指标的归纳,本章采用地区单位产值工业污染治理完成投资额衡量环境规制。污染治理投资体现了政府对本地环境的重视程度和整治污染问题的决心,可以反映当地环境规制的强度。该指标表示在工业总产值相同时,工业污染治理投资越多,比值越大,地区环境规制强度越大。

(2)环保补贴。上市企业的年报附注中披露了有关环保补贴信息,列示在政府补贴项目明细中。我们按照绿色、减排、环境、可持续、清洁、节能等与环保有关的关键词进行手工整理,加总得到环保补贴金额。为控制企业规模差异,我们对其用企业总资产平减处理。

(3)企业环保投资。上市企业的年报附注中披露了有关环保支出信息,列示在在建工程和管理费用明细中。在建工程科目明细下有废水废气治理、节能节水节电、脱硫脱硝脱氮除尘、垃圾处理、余热回收与利用、监测系统等资本化支出;管理费用科目明细下有排污费、绿化费等费用化支出。我们把这些支出加总得到企业环保投资金额。为了控制企业规模差异,我们对其用企业总资产平减处理。

表4-1 变量定义表

变量名称	代码	计算说明
环保投资	Epi	(环保投资金额/总资产)×100%
环保补贴	Esub	(企业收到的环保补贴/总资产)×100%
企业规模	Size	Ln(总资产)
财务杠杆	Lev	(总负债/总资产)×100%
所有权性质	State	国有企业取1,民营企业为0。
高管技术背景	Tback	董事长或总经理有技术背景取1,否则为0。
地区环境规制	Rure	(地区单位产值工业污染治理投资额)×100%
地区经济水平	Gdp	人均GDP增长率

---

① 第4章和第5章都采用了污染企业为研究样本,样本数量不尽相同,与变量和数据和选取有关。

为了保证受补贴的企业和未受补贴的企业之间匹配处理的有效性,必须能够精确地估算企业受补贴的概率,针对性地采取一些反映企业自身特征的相关变量以强化匹配效果。根据现有文献,本章选取 6 个变量对样本进行匹配,包括:企业规模、财务杠杆、所有权性质、高管技术背景、地区环境规制和地区经济水平。

4.4 实证结果与分析

4.4.1 变量的描述性统计和相关性

表4-2 报告了样本的基本情况。环保投资的最小值为 0,最大值为 6.521,说明有的企业没有或极少环保投资,而有的企业环保投资相对较多;均值为 0.633,最大值是均值的 10.3 倍,说明企业研发投入水平整体较低,且样本间差异悬殊。环保补贴的最大值为均值的 18.5 倍,最小值为 0,也说明环保补贴的样本间差异较大,分布不均衡。相比之下,企业规模等其他变量的分布比较均衡,样本分布差异比较小。

表4-2 变量的描述性统计

变量	均值	标准差	最小值	最大值
Epi	0.633	0.707	0.000	6.521
Esub	0.019	0.036	0.000	0.352
Size	21.150	1.244	15.032	29.256
Lev	0.476	0.249	0.030	0.941
State	0.521	0.500	0.000	1.000
Tback	0.870	0.336	0.000	1.000
Rule	0.455	1.949	0.096	2.167
Gdpp	0.086	0.046	−0.010	0.234

从表4-3 看,变量之间的相关系数基本上小于 0.4,且多数达到了 10% 的显著性水平。环保投资与其他变量之间的相关系数的显著性水平均在 5% 以上。采用 VIF 进行共线性诊断,各变量的 VIF 均在 10 以下,表明不存在多重共线性问题。

表4-3 变量的相关系数

	Epi	Esub	Size	Lev	State	Tback	Rule	Gdpp
Epi	1							
Esub	0.082***							
Size	−0.030***	−0.150***	1					
Lev	−0.156***	−0.111***	0.143***	1				
State	−0.113***	−0.085*	0.299***	0.406***	1			
Tback	0.230**	0.259**	−0.110	−0.047**	−0.000	1		
Rule	0.264***	0.31***	−0.032***	−0.410	−0.203*	0.004*	1	
Gdpp	0.061***	0.012	−0.050	−0.040	−0.016	0.100**	0.064	1

注：*、**、*** 分别代表10%、5%、1%的显著性水平。

4.4.2 对影响环保补贴的因素进行概率估计

如表4-4所示，从列（7）全样本回归结果看，各变量均达到1%的显著性水平。环境规制的回归系数在各个模型中总是最大，且均达到1%的显著性水平，表明环境规制是最强的影响因素；列（1）到列（6）的各年系数在2014年之后的四年里一直处于上升状态，这或与2014年史上最严《环境保护法》的修订和实施有关，但其影响随着时间的推移而减弱。高管技术背景的回归系数前期不显著，但自2018年起明显正向变大，且达到5%的显著性水平。其他变量的回归系数则处于波动状态。总体来看，资产规模相对较小、财务杠杆较低、高管有技术背景、企业所在地的环境规制严格、经济水平越高，这样的企业越有可能获得环保补贴。

表4-4 污染企业是否获得环保补贴的 Logit 回归结果

变量	（1）2014	（2）2015	（3）2016	（4）2017	（5）2018	（6）2019	（7）全样本
Size	−0.932**	−0.998**	−1.037***	−0.925**	−1.243***	−0.675*	−0.880***
	(0.465)	(0.403)	(0.382)	(0.383)	(0.371)	(0.364)	(0.144)
Lev	−1.715***	−1.789***	−1.627***	−0.677	−1.210**	−0.494	−1.242***
	(0.593)	(0.538)	(0.554)	(0.588)	(0.573)	(0.587)	(0.209)

续表4-4

变量	（1） 2014	（2） 2015	（3） 2016	（4） 2017	（5） 2018	（6） 2019	（7） 全样本
State	−0.0086	−0.446*	−0.423*	−0.295	−0.135	−0.243	−0.360***
	(0.256)	(0.245)	(0.242)	(0.248)	(0.241)	(0.250)	(0.0901)
Rdback	0.0496	0.254	0.0895	−0.140	0.671**	0.881***	0.371***
	(0.280)	(0.270)	(0.289)	(0.315)	(0.306)	(0.325)	(0.106)
Rule	7.412***	9.493***	9.569***	10.19***	9.509***	7.796***	7.408***
	(1.427)	(1.471)	(1.369)	(1.542)	(1.567)	(1.317)	(0.502)
Gdpp	0.0275	0.308	1.297***	0.663	1.016**	0.874***	0.118***
	(0.194)	(0.209)	(0.408)	(0.539)	(0.408)	(0.186)	(0.0320)
_cons	1.049**	0.492	1.035**	0.796	0.571	0.433	0.917***
	(0.534)	(0.494)	(0.487)	(0.512)	(0.503)	(0.513)	(0.185)
Chi^2	48.13***	84.57***	106.51***	76.99***	74.88***	78.67***	468.02***
R^2	0.0895	0.1305	0.1554	0.1224	0.1137	0.1239	0.1062

注：括号中标准误，*、**、***分别表示在10%、5%和1%显著性水平显著。

4.4.3 平行性检验与匹配效果

表4-5显示了匹配平衡性检验的结果。匹配处理后，变量的标准化偏差(％偏差)降到了10%以下，且所有T检验结果表明受补贴企业和未受补贴企业之间没有显著性差异，说明所选择的匹配变量和匹配方法是合适的，经过倾向得分匹配后受补贴的企业和未受补贴的企业样本不存在显著差异。平衡性假设得到满足意味着以此为基础的倾向得分匹配估计结果是可信的。

表4-5 平衡性检验

变量	匹配状态	均值		偏差	偏差减少	T检验	
		实验组	对照组			T值	P值
Size	未匹配	22.1	22.54	−28.9		−8.46	0.000
	匹配后	22.1	22.15	−3.3	88.7	−1.42	0.157
Lev	未匹配	0.4600	0.5298	−31.2		−8.45	0.000
	匹配后	0.4600	0.4479	5.4	82.6	0.67	0.546
State	未匹配	0.5055	0.7008	−40.7		−10.67	0.000
	匹配后	0.5055	0.5083	−0.6	98.6	−0.22	0.823

续表4-5

变量	匹配状态	均值		偏差	偏差减少	T 检验	
		实验组	对照组			T 值	P 值
Tback	未匹配	0.8799	0.8023	21.3		6.07	0.000
	匹配后	0.8799	0.8666	3.7	82.8	1.61	0.107
Rule	未匹配	0.1903	0.1290	72.9		19.23	0.000
	匹配后	0.1903	0.1863	4.8	93.5	1.56	0.120
Gdpp	未匹配	0.1823	0.4703	−20.1		−6.75	0.000
	匹配后	0.1823	0.2048	−1.6	92.2	−1.07	0.287

表4-6 DID 回归结果

变量	(1)全体样本	(2)国有企业	(3)民营企业	(4)高管有技术背景	(5)高管无技术背景
EsubdPost	0.032**	0.038**	0.026*	0.039***	−0.018
	(0.013)	(0.018)	(0.020)	(0.014)	(0.033)
Post	0.030***	0.029***	0.032***	0.027***	0.051*
	(0.005)	(0.007)	(0.006)	(0.005)	(0.013)
Size	−0.124***	−0.082***	−0.168***	−0.136***	0.006
	(0.020)	(0.023)	(0.038)	(0.021)	(0.045)
Lev	−0.848***	−1.169***	−0.515***	−0.848***	−0.846***
	(0.116)	(0.15_)	(0.177)	(0.125)	(0.277)
State	−0.302***			−0.306***	−0.142
	(0.050)			(0.055)	(0.112)
Tback	0.456***	0.309***	0.613***		
	(0.072)	(0.097)	(0.107)		
Rule	1.773***	2.500***	1.229***	1.931***	0.280
	(0.284)	(0.381)	(0.441)	(0.310)	(0.661)
Gdpp	0.050**	0.021*	0.134*	0.070**	0.043
	(0.038)	(0.041)	(0.083)	(0.044)	(0.063)
_cons	0.197	0.692**	0.187	0.257*	0.331
	(0.142)	(0.208)	(0.196)	(0.154)	(0.181)
R²	0.17	0.14	0.12	0.15	0.06

注:括号内是标准误。*、**、*** 分别代表10%、5%、1%的显著性水平。

表4-6的列(1)报告了全体样本的 DID 模型的回归结果。主要自变量 EsubdPost 的回归系数为0.032,在5%的统计水平上显著为正,表明环保补贴能够显著提高企业的环保投资。假设 H1a 得到验证。从变量的影响程度看,环境规制的回归系数最大,为1.773,在1%的统计水平上显著为正,这表明环境规制严格的条件下,企业的环保投资水平更高。其次是财务杠杆的回归系数为-0.848,在1%的统计水平上显著为正,这表明企业的负债水平越高,其环保投资越低。再次是企业高管的技术背景的回归系数为0.456,在1%的统计水平上显著为正,这表明企业高管如果有从事过技术研发等的工作经历,则更倾向于增加企业环保投资。

4.4.4　异质性分析

4.4.4.1　所有权性质

结果由表4-6的列(2)和列(3)所示,国有企业的 EsubdPost 的回归系数为0.038,在5%的统计水平上显著为正,表明国有企业的环保投资显著受到了环保补贴的影响。民营企业的环保投资同样也受到了环保补贴的影响,EsubdPost 的回归系数为0.026,仅达到10%的显著水平。相比之下,无论是影响程度还是显著水平,国有企业均高于民营企业,支持了假设 H2a。环保规制是对环保投资影响最大的因素;国有企业的环保规制的回归系数为2.500,在1%统计水平上显著;民营企业为1.229,也在1%统计水平上显著。这表明,当前的环境规制条件对国有企业的环保投资的影响更大。首先是国有企业与政府间的政治关联,使得国有企业成为国家走向绿色发展意愿的代表。这些因素可以促使国有企业提高环保投资的规模。民营企业缺乏政治优势,面对的市场竞争和融资约束的压力更大,必须在市场盈利方面投资更多的人力和资金,而在环保投资上的被动性更强,以不触碰环境规制为底线,难以主动实施更大数量的环保投资。其次是财务杠杆,对国有企业环保投资的负面影响更大。最后是企业高管技术背景,对民营企业环保投资的正面影响更大。

4.4.4.2　高管技术背景

结果由表4-6的列(4)和列(5)所示,当高管有技术背景时,EsubdPost 的回归系数为0.039,在1%的统计水平上显著为正,表明环保补贴能够促进企业的环保投资。而高管无技术背景的企业环保投资的回归系数为-0.018,且没有达到10%的显著性水平,表明这类企业的环保投资没有受到环保补贴的明显影响。假设 H3 得到支持。其一是当高管有技术背景时,环保规制仍是企业环保投资的最大影响因素,回归系数为1.931,在1%统计水平上显著;其二是财务杠杆和企业所有权性质。这说明高管有技术背景的企业在获得环保补贴后,具有更强的环保投资倾向,更乐意发挥其专业优势来提升企业的环境治理水平,达到甚至超出环境规制要求,从而避免因违规环境规制而付出声誉损失与经济代价。因此,在研究环保补贴时区分企业高管有无技术背景十分必要。

4.4.5 稳健性检验

如开篇所言,本章考虑选择性偏差对研究结论的影响,所以选择了 Heckman 两步法进行稳健性检验,而没有使用常见的 OLS 方法。表 4-7 中列(1)到列(4)的环保补贴系数均显著为正,且达到了 _% 的统计水平,表明环保补贴能够正面促进企业环保投资。只有列(5)的环保补贴的回归系数达不到 10% 的显著性水平,表明高管无技术背景的企业的环保投资没有明显受到环保补贴的影响。影响程度最大的因素仍然是环境规制,其次是财务杠杆和企业高管技术背景。这与前述结论基本一致。

表 4-7　Heckman 检验结果

变量	(1) 全部样本	(2) 国有企业	(3) 民营企业	(4) 高管有技术背景	(5) 高管无技术背景
Esub	0.4440***	0.4796***	0.4211***	0.4776***	0.1814
	(7.0937)	(5.5429)	(4.7141)	(7.0019)	(1.3201)
Size	−0.1050***	−0.0627**	−0.1368***	−0.1151***	0.0062
	(−4.8680)	(−2.1526)	(−3.3450)	(−5.0802)	(0.1130)
Lev	−0.8173***	−1.1419***	−0.5285***	−0.8115***	−0.8085***
	(−6.5373)	(−7.4522)	(−2.7672)	(−6.0615)	(−2.6979)
State	−0.3286***			−0.3342***	−0.1490
	(−6.6715)			(−6.2032)	(−1.3770)
Tback	0.4661***	0.3320***	0.6179***		
	(6.5266)	(3.4642)	(5.8359)		
Rule	1.4655***	2.3655***	0.9493*	1.5848***	0.0690
	(3.3961)	(3.4281)	(1.7680)	(3.5044)	(0.0647)
Gdpp	0.0568	−0.0313	0.1479*	0.0780	0.0399
	(1.3712)	(−0.6832)	(1.7179)	(1.6162)	(0.6110)

续表 4-7

变量	（1）全部样本	（2）国有企业	（3）民营企业	（4）高管有技术背景	（5）高管无技术背景
_cons	3.4516***	2.2868***	4.0047***	4.1148***	1.2162
	（6.6207）	（2.8881）	（4.3697）	（7.6024）	（0.9003）
lambda	0.1928***	0.1207***	0.2448***	0.2133***	−0.0775*
	（15.1221）	（6.5827）	（13.9450）	（15.8397）	（−1.9313）
Chi²	49.83***	28.59***	26.46***	27.58***	17.60***

注：括号内是标准误。*、**、*** 分别代表10%、5%、1%的显著性水平。

4.5 小结

为应对严重的环境污染问题，政府一方面实施严格的环境规制和行业整治，另一方面加大对污染企业环境保护的补贴。本章基于 2013-2019 年资本市场的污染企业数据，利用 PSM-DID 方法，探讨了在环境规制条件下，政府的环保补贴对污染企业环保投资的影响，还讨论了企业所有权和高管技术背景的异质性影响。结论如下：

（1）企业资产规模、负债水平、所有权性质、高管技术背景以及企业所在地的环境规制和经济水平都是影响污染企业获得环保补贴的关键因素。其中，环境规制的影响程度最大。

（2）环保补贴显著促进了污染企业的环保投资增长。

（3）环保补贴显著提升了国有企业和民营企业的环保投资，对国有企业的影响程度和显著性均更加突出。

（4）环保补贴对高管有技术背景的企业的环保投资有显著的促进作用；对高管无技术背景的企业没有显著影响。

在政策启示方面，本章的经验证据可供有关政策制定者和企业做以下参考：

为了有效激励污染企业增加环保投资，政府应当继续执行从严的环境规制，强化惩罚性威慑，杜绝企业抱有侥幸心理、采用应急式的环境治理以应付政府环境监管的行为；继续加大对污染企业的环保补贴力度，弥补企业环保融资缺口；同时，建立多元化的社会融资机制，减轻对政府资源的过于依赖。

污染企业应从长远发展考虑，正视改善企业环保绩效的社会经济效果。在政府高度重视环境问题的严格规制背景下,污染企业应主动从生产源头出发,加大环保技术、设备等方面的投资改造,进行清洁生产,减少污染物排放,赢得政府的支持与社会各方面利益相关者的认可,避免违反环境规制而遭受惩罚。

参考文献

[1] BOEING, P. The allocation and effectiveness of China's R&D subsidies – Evidence from listed firms[J]. Research Policy,2016,45(9):1774–1789.

[2] MéNDEZ MORALES, E. A., MUñOZ, D. Input, output, and behavioral additionality of innovation subsidies[J]. Journal of Technology Management Innovation, 2019, 14 (4):158–172.

[3] 章元,程郁,佘国满.政府补贴能否促进高新技术企业的自主创新?:来自中关村的证据[J].金融研究,2013(10):123–140.

[4] 谢智慧,孙养学,王雅南.环境规制对企业环保投资的影响:基于重污染行业的面板数据研究[J].干旱区资源与环境,2018,(03):12–16.

[5] LI D., ZHENG M., CAO C., et al. The impact of legitimacy pressure and corporate profitability on green innovation:evidence from china top 100[J]. Journal of Cleaner Production,2017,(141):41–49.

[6] PELLEGRINO, C., LODHIA, S. Climate change accounting and the Australian mining industry:exploring the links between corporate disclosure and the generation of legitimacy [J]. Journal of Cleaner Production,2012,(36):68–82.

[7] 张功富.2013.政府干预、环境污染与企业环保投资:基于重污染行业上市公司的经验证据[J].经济与管理研究,(09):38–44.

[8] GUO D.,GUO Y.,JIANG K. Government–subsidized R&D and firm innovation:Evidence from China[J]. Research Policy,2016,45(6),1129–1144.

[9] JIN ZHENJI,SHANG YUE,XU JIAN. The impact of government subsidies on private R&D and firm performance:Does ownership matter in China's manufacturing industry? [J]. Sustainability,2018,10(7),2205.

[10] GIANNETTI M.,LIAO G.,YU X. The brain gain of corporate boards:Evidence from China[J]. Journal of Finance,2015,70(4):1629–1682.

[11] 袁丽静,郑晓凡.环境规制、政府补贴对企业技术创新的耦合影响[J].资源科学,2017,39(05):911–923.

财税补贴对企业环保创新的影响

在污染行业绿色发展背景下,环境补助已经成为弥补资本市场不足,驱动企业环境技术创新的重要筹资方式。本书以 2013—2019 年中国污染行业的上市企业为样本,从选择性产业政策角度探讨环境补助对污染行业企业环境技术专利的影响,以及企业环境技术创新的动机。实证结果表明,环境补助刺激了环境技术专利总数和非发明专利的显著增加,呈现出企业追求数量而忽略质量的行为特点;当企业预期能获得更多的环境补助时,会为了"寻扶持"而环境技术创新。进一步对企业分组分析发现,上述现象只在国有企业组和高管具有技术背景的企业组中显著;而民营企业的环境技术发明专利显著增加。这说明选择性的环境补助政策在一定程度上激励了企业的策略性创新,而代表实质性创新、高质量创新的环境技术发明专利并没有显著提高。政府既应考虑未来继续增加对制造业企业的环境补助,还应配套更好的监管政策,激励高质量的环境技术发明专利创新。

5.1 问题提出

多年的粗放型企业经济增长方式造成了严重的环境污染和生态破坏,极大地影响了人们的正常生活,需要采取绿色创新措施来改善其环境绩效。通常认为,创新活动的外部性、不可分割性和不确定性将不可避免地导致市场失灵,从而阻碍企业实现自发研发活动的社会最优水平。对此,世界范围内普遍采用了选择性的创新激励措施(OECD,2010;Luo & Sun,2020)。可是,政府难以对所有申请者的研发活动进行有效监督,所以存在逆向选择和道德风险的可能性。这意味着除了旨在技术升级和获得竞争优势的"实质性创新"之外,企业还可能参与"策略性创新",其目的是掩盖企业的实际创新能力,以迎合政府,实现其他利益目标。然而,企业在初始研发阶段面就会面临来自资本市场的融资约束,这也是客观现实。为此,中国政府安排了大量环境补贴,鼓励环境创新(王旭等,2020)。

现有文献已经从创新内容、创新强度或方式对企业环境创新进行了分类,但是极少文献从动机视角来分析创新行为(Tong 等,2014;Luo & Sun,2020)。而事实上,企业除了追求核心技术突破为目的的实质性创新动机之外,还存在片面追求创新数量来满足产业政策、旨在谋得其他利益的意图,是一种策略性行为。因此,研究不同创新活动的动机,对理解中国产业补贴政策实施过程中政府与企业的互动,评价政策实施效果,探讨作用机制有着重要学术价值和政策意义。鉴于此,本章试图区分不同动机的环境创新行为,考察环境补贴对微观企业环境创新的影响及内部机理。

5.2　文献综述

理论上讲,环境创新能够提升企业环境绩效(Sueyoshi & Yuan,2015),对企业财务绩效也有积极贡献(Xie 等,2019)。同时,政府补贴还会为企业引致更强的政府规制与监督压力,迫使企业通过环境创新来提升环境行为的合法性(Li 等,2017)。

但在企业实践中,地方政府的"外部人"角色及其企业环境创新的专业技术背景的差异,造成政府难以实施有效的外部治理和干预机制。实际上,环境补贴对环境创新的影响已经独立于政府的监督与干预,表现出对企业的依赖性。基于部分专利视角的研究文献,此时以专利申请衡量的企业创新行为就表现为一种典型的策略性行为。

从政策实施来看,政府存在直接干预经济的惯性,推行的是政府主导的"选择性"产业政策,比如政府每年发布的鼓励类产业目录或产业结构调整指导目录等类似文件就具有以政府选择替代市场机制的干预性和限制竞争的管制性特征(江飞涛等,2010)。但是政策制定者和企业之间存在信息不对称,以及专业性知识和实践的局限也使政府难于正确地预见技术前景,所以出于对财政资金负责的考虑,政府发出补贴就有其前提条件,即根据事前接收企业释放的创新信号来选择补贴对象。此时就容易诱发企业做出"寻扶持"的逆向选择行为(Hall & Harhoff,2012;毛其淋等,2015;黎文靖等,2016)。

从技术周期和政策时效看,尽管环境创新所带来战略价值终将外显为更高的环境绩效、社会绩效和行为合法性,但其经济效益无法在短期实现(Sueyoshi & Yuan,2015)。而地方政府执行产业政策的目标在于短期出成效(江飞涛等,2010)。这说明中国产业政策的短期目标导向与实质性创新所需要的长期持续投入之间存在着很大分歧。从激励相容来看,企业无法通过环境创新在短期实现私利与公利的有效统一(王旭等,2020)。

此外,政府官员选拔制度也为企业实施策略性创新提供了制度基础。地方官员如果想在晋升竞争中占据优势,那么必须在一个较短的时期内做出较大的政绩,这就与实质性创新的长期性就产生了矛盾。官员为了短期出政绩,会选择出成果又多又快的企业进行大力的资金扶持,而企业会进行短时期能出成果的低水平创新来迎合官员的政治需求。

基于已有文献的讨论,结合本章的研究目的,本章从动机角度将企业环境创新行为划分为两种:把申请"高水平"发明专利的行为认定为实质性创新(substantial innovation),以推动技术进步和获取竞争优势为目的;把申请其他专利(实用新型专利和外观设计专利)的行为认定为策略性创新(strategic or cosmetic innovation),通过追求创新数量来迎合监管,以谋求其他利益为目。接下来,本章将从产业政策的选择性特征切入,考察环境补贴对环境创新的效果及其作用机制。

5.3 研究设计

5.3.1 样市和数据

本研究选取 2013—2019 年中国沪深 A 股市场的污染型上市企业作为研究样本。环境技术专利数据来自中国专利数据库(SCPD)和国家知识产权局(SIPO)。补贴来源于上市企业年报。企业的财务数据来自 CSMAR 数据库。

为了减少异常值的影响,排除了特殊处理的企业和重要变量数据缺失的样本。最终样本包括 1 100 家企业和 6 180 个有效观察结果。化工、医药、金属冶炼、电力、热力、燃气和水的生产和供应、运输、仓储和邮政服务行业的样本观测结果相对集中,分别占 14.63%、11.42%、10.61%、9.9% 和 8.48%。为了消除极值的影响,所有连续变量都在 1% 和 99% 的水平上进行排序。所有数据处理均使用 Stata15.0 软件。

5.3.2 变量定义

(1)环境技术创新行为。本章以环境专利申请衡量企业的环境创新行为。由于公开披露的专利数据库中,尚未对"环境创新"数据进行分类和披露。为此,本章通过关键词筛选来获取企业环境专利信息(Hall & Harhoff,2012;Cormier & Magnan,2015;Li 等,2017;Yu,2021)。

(2)环境补贴。环境补贴指政府对企业环境治理、节能减排等环保项目的专项补贴、专项资金、成果奖励等,其内容一般包括节能减排、绿色、环保、能源、环境、废气、碳排放、碳交易、循环回收、可持续发展、清洁等关键词。本章通过关键词筛选对企业年报附注中的政府补贴项目明细进行整理、核算企业每年收到的环境补贴金额。

(3)控制变量。参考现有文献,控制了公司规模、公司年龄、负债比率、资产结构、盈利能力、股权制衡和成长能力。变量定义参见表5-1。

表5-1 变量定义表

变量名称	代码	计算说明
环境创新总量	Gp	Ln(1+环境专利总数)
环境专利创新	Gpti	Ln(1+环境发明专利数)
其他环境创新	Ngpti	Ln(1+其他环境专利数)
环境补贴	Esub	(环保补贴/期末总资产)×100%
企业规模	Size	Ln(总资产)
企业年龄	Age	企业自成立以来的年数
负债比率	Lev	(总负债/总资产)×100%
资产结构	Assets	(固定资产净额/总资产)×100%
盈利能力	Opr	(营业利润/营业收入)×100%
股权制衡	Shareb	第一大股东持股比例
成长能力	Growth	营业收增长率

5.3.3 实证模型

为探讨环境补贴对环境创新(专利)的影响,本章参考郭玥(2018)的方法构造以下模型:

$$Y_{i,t}(LnGp_{i,t}, lnGpti_{i,t}, LnNgpti_{i,t}) = \alpha_0 + \alpha_1 Esub_{i,t+1} + \alpha_2 Size_{i,t-1} + \alpha_3 Age_{i,t-1} + \alpha_4 Lev_{i,t-1} + \alpha_5 Opr_{i,t-1} + \alpha_6 Assets_{i,t-1} + \alpha_7 Shareb_{i,t-1} + \lambda_i + \tau_t + \varepsilon_{i,t}$$

$$(1)$$

上式中,Y 表示企业创新行为,通过三类专利的申请数来衡量,i 表示企业,t 表示时间,α 表示系数,ε 表示误差项。控制变量都滞后一期,以减少内生性的影响。环境补贴后推一期,是因为政府对企业的拨款资助与专利产出之间大约有 1 年的时滞。同时,为控制企业层面不随时间变化的影响和宏观经济冲击,加入了 λ_i 和 τ_t,表示企业层面的固定效应和年份固定效应,建立双因素固定效应回归模型。

根据面板数据回归分析的要求,需要进行模型选择。所以,对每个模型进行了豪斯曼检验。如果豪斯曼检验值显著,则选择固定效应模型;如果豪斯曼检验不显著,则选择随机效应模型。对于无法判别的情况,也应选择随机效应模型。出于稳健性考虑,本章同时报告出各个模型的固定效应和随机效应的回归结果。

5.4 实证结果与讨论

5.4.1 模型选择与讨论

如表5-2 所示。三个模型检验统计量均在1% 显著性水平上显著,表明每一个模型的固定效应优于随机效应,证明本章的模型设定是适当的。

表5-2 模型选择

Variable	(1) Model 1 FE Gp	(2) Model 1 RE Gp	(3) Model 2 FE Gpti	(4) Model 2 RE Gpti	(5) Model 3 FE Ngpti	(6) Model 4 RE Ngpti
Esub	0.0482*	0.104***	0.0391	0.0773***	0.0539**	0.123***
	(0.0290)	(0.0280)	(0.0280)	(0.0269)	(0.0257)	(0.0246)
Size	0.123***	0.257***	0.158***	0.246***	0.0928***	0.259***
	(0.0361)	(0.0254)	(0.0348)	(0.0245)	(0.0320)	(0.0214)
Age	−0.348***	−0.0494***	−0.355***	−0.0417***	−0.223***	−0.0255***
	(0.0343)	(0.00748)	(0.0331)	(0.00722)	(0.0304)	(0.00594)
Lev	−0.224*	−0.266**	−0.185	−0.206*	−0.0903	−0.103
	(0.121)	(0.110)	(0.117)	(0.106)	(0.107)	(0.0958)
Assets	0.311*	−0.0748	0.204	−0.187	0.181	−0.103
	(0.161)	(0.144)	(0.155)	(0.138)	(0.142)	(0.124)

续表 5-2

Variable	(1) Model 1 FE Gp	(2) Model 1 RE Gp	(3) Model 2 FE Gpti	(4) Model 2 RE Gpti	(5) Model 3 FE Ngpti	(6) Model 4 RE Ngpti
Opr	0.261	-0.00192	0.362*	0.187	-0.148	-0.274*
	(0.209)	(0.165)	(0.202)	(0.159)	(0.185)	(0.140)
Shareb	-0.00518**	-0.00130	-0.00197	0.00108	-0.00500**	-0.00206
	(0.00229)	(0.00174)	(0.00221)	(0.00168)	(0.00203)	(0.00147)
Growth	-0.0161	-0.0160	-0.0163	-0.0175	-0.00202	-0.00573
	(0.0421)	(0.0415)	(0.0407)	(0.0399)	(0.0373)	(0.0366)
_cons	5.993***	-2.765***	4.702***	-3.364***	3.866***	-3.703***
	(0.976)	(0.567)	(0.943)	(0.547)	(0.865)	(0.473)
N	6180	6180	6180	6180	6180	6180
R2	0.051		0.043		0.050	
F 值	20.40***		17.21***		19.87***	
Wald chi2		386.77***		333.09***		419.76***
Hausman 检验						
卡方值	158.82		181.53		102.24	
P 值	0.0000		0.0000		0.0000	

注:括号内是标准误。*、**、***分别代表10%、5%、1%的显著性水平。

从结果看,列(1)中的 Esub 系数估计值在10%的水平上显著,表明企业在环境补贴的激励下,环境专利申请数量增加。列(3)中的 Esub 系数估计值达不到10%的显著水平,列(5)中的 Esub 系数估计值在5%的水平上显著,表明环境补贴的影响结果是非发明专利申请数呈现显著增加,而环境发明专利申请并没有受到显著影响。这说明在后向型的环境补贴的激励下,企业首先为获得补贴资源而表现出更多的专利申请,以彰显其创新能力。既然企业可以提前安排其创新活动,以符合政府的偏好,从而提高其成功的机会,那么,其环境创新产出的增加只是一种策略性行为,反映出企业迎合政策、"寻扶持"的逆向选择动机。

5.4.2 异质性分析

5.4.2.1 所有权性质

如表5-3结果所示,列(1)、列(4)中的Esub系数估计值的显著性表明,无论是国有企业还是民营企业,其环境专利申请总量均未受到环境补贴的显著影响。列(3)中的Esub系数估计值在5%的水平上显著,表明国有企业的非专利申请数量在环境补贴的激励下取得了显著提升。列(2)中的Esub系数估计值达不到10%显著水平,表明国有企业的环境发明专利申请数没有受到显著影响。相比之下,民营企业的环境发明专利申请数有显著提升,列(5)中的Esub系数估计值在5%的水平上显著。列(6)中的系数估计值达不到10%显著水平,表明民营企业的非发明专利申请数没有受到显著影响。

表5-3 按所有权性质分组结果

Variable	State-owned Enterprise			Private Enterprise		
	(1)	(2)	(3)	(4)	(5)	(6)
	Gp	Gpti	Ngpti	Gp	Gpti	Ngpti
Esub	0.0679	0.0146	0.0943**	0.0346	0.0735**	0.00445
	(0.0453)	(0.0421)	(0.0430)	(0.0381)	(0.0330)	(0.0371)
Size	0.287***	0.216***	0.302***	0.109**	0.0635	0.162***
	(0.0631)	(0.0586)	(0.0599)	(0.0509)	(0.0440)	(0.0495)
Age	-0.327***	-0.229***	-0.350***	-0.359***	-0.222***	-0.359***
	(0.0582)	(0.0541)	(0.0553)	(0.0430)	(0.0373)	(0.0419)
Lev	-0.0324	-0.0466	-0.0458	-0.316*	-0.120	-0.273*
	(0.201)	(0.187)	(0.191)	(0.162)	(0.141)	(0.158)
Assets	0.766***	0.691***	0.594**	0.211	0.00654	0.137
	(0.266)	(0.247)	(0.253)	(0.214)	(0.185)	(0.208)
Opr	-0.433	-0.656*	-0.145	0.451*	-0.0261	0.481*
	(0.371)	(0.344)	(0.352)	(0.264)	(0.229)	(0.257)
Shareb	-0.000778	-0.00135	0.00121	-0.00667**	-0.00710***	-0.00230
	(0.00401)	(0.00373)	(0.00381)	(0.00294)	(0.00255)	(0.00286)
Growth	-0.107	-0.00711	-0.138*	0.0213	0.00692	0.0301
	(0.0744)	(0.0691)	(0.0706)	(0.0528)	(0.0457)	(0.0513)

续表 5-3

Variable	State-owned Enterprise			Private Enterprise		
	(1)	(2)	(3)	(4)	(5)	(6)
	Gp	Gpti	Ngpti	Gp	Gpti	Ngpti
_cons	2.817	2.014	2.182	6.048***	4.174***	4.274***
	(1.860)	(1.728)	(1.766)	(1.240)	(1.074)	(1.207)
N	2164	2164	2164	4016	4016	4016
R^2	0.079	0.075	0.072	0.045	0.041	0.038
F	11.55***	10.89***	10.42***	11.38***	10.31***	9.43***

注:括号内是标准误。*、**、***分别代表10%、5%、1%的显著性水平。

这种现象意味着,相对于民营企业,国有企业凭借技术含量高的环境发明专利以求得在市场上生存的环境创新意愿较比小,选择性产业政策引导的是国有企业的环境创新数量增加,而非质量提高。而民营企业面临激烈的市场竞争,需要有高质量的技术前沿创新才能胜出,所以民营企业需要实质性环境创新,注重创新质量的提高,不会为了迎合政策和争取可能得到(也可能得不到)的补贴资源而盲目创新,产生只追求创新数量的策略性行为。

5.4.2.2 高管技术背景

政府在进行创新补贴对象选择时,会依靠一些显性信号进行决策,以免受到信息不对称的干扰,其中企业高管团队的技术研发背景是政府要着重考虑的。表5-4的列(4)、列(5)和列(6)中的Esub系数估计值均达不到10%的显著性水平,表明高管没有技术背景的企业的环境专利总数、环境发明专利和其他专利的申请数均未受到环境补贴的显著影响。相比之下,高管有技术背景的企业的环境专利申请总数、非发明专利申请数均有显著提升,如列(1)中的Esub系数估计值在10%的水平上显著,列(3)中的系数估计值在5%的水平上显著。但列(2)中的系数估计值没有达到10%的显著性水平,表明高管有技术背景的企业的环境发明专利申请数没有受到环境补贴的显著影响。

表5-4 按高管背景分组结果

	高管有技术背景			高管没有技术背景		
	（1）	（2）	（3）	（4）	（5）	（6）
	Gp	Gpti	Ngpti	Gp	Gpti	Ngpti
Esub	0.0506*	0.0394	0.0578**	0.00614	0.0705	0.0115
	(0.0304)	(0.0293)	(0.0273)	(0.111)	(0.107)	(0.0901)
Size	0.126***	0.156***	0.0968***	0.0430	0.0380	0.0512
	(0.0383)	(0.0369)	(0.0344)	(0.135)	(0.130)	(0.110)
Age	−0.362***	−0.371***	−0.233***	−0.243	−0.159	−0.191
	(0.0355)	(0.0342)	(0.0318)	(0.149)	(0.144)	(0.121)
Lev	−0.0526	−0.0467	0.0165	−0.597	−0.581	−0.128
	(0.132)	(0.127)	(0.118)	(0.404)	(0.389)	(0.329)
Assets	0.221	0.0880	0.198	−0.00442	0.581	−0.780
	(0.170)	(0.164)	(0.153)	(0.599)	(0.576)	(0.487)
Opr	0.193	0.362*	−0.256	1.018	0.281	0.930
	(0.220)	(0.212)	(0.197)	(0.799)	(0.769)	(0.651)
Shareb	−0.00588**	−0.00127	−0.00649***	−0.000793	−0.00792	0.00484
	(0.00249)	(0.00239)	(0.00223)	(0.00765)	(0.00737)	(0.00623)
Growth	−0.0173	−0.0150	−0.00246	−0.0656	−0.0229	−0.0110
	(0.0445)	(0.0428)	(0.0398)	(0.153)	(0.148)	(0.125)
_cons	6.223***	4.978***	4.058***	5.072	3.775	3.087
	(1.024)	(0.985)	(0.917)	(4.041)	(3.890)	(3.289)
N	5661	5661	5661	519	519	519
R^2	0.052	0.046	0.050	0.050	0.043	0.062
F	18.91***	16.66***	18.11***	1.37	1.18	1.73*

注：括号内是标准误。*、**、*** 分别代表10%、5%、1%的显著性水平。

这种现象表明,有技术研发背景的高管更倾向于在资源分配时会有意识地向研发创新方向投入更多资本。在后向型的环境补贴的激励下,具有专业背景和经验的高管团队会选择难度更低、研发周期更短、风险更小的非发明专利申报,从而使未来的环境补贴方案的制订和执行更具可靠性,而不是盲目进行难度大、周期长、风险高的高质量创新。

5.5 小结

5.5.1 研究结论

环境创新是当今企业发展的重要影响要素。本章基于 2013—2019 年中国污染行业上市企业的数据,从选择性产业政策角度,探讨了环境补贴对企业环境创新的影响,还讨论了企业所有权性质和高管技术背景的异质性影响。

(1)环境补贴促进了污染企业的环境专利申请数量的整体增长。其中,代表高技术水平的环境发明专利数量没有受到显著影响,非发明专利显著增加,呈现了追求环境创新数量而忽略质量的现象。

(2)从企业产权属性看,环境补贴显著提升了国有企业的非发明专利申请数,显著提升了民营企业的环境发明专利申请数,对其他方面没有显著影响。

(3)从高管是否有技术背景看,高管有技术背景的企业的环境专利申请总数、非发明专利申请数均有显著提升,其环境发明专利数和高管没有技术背景的企业均未受到环境补贴的显著影响。

(4)从选择性产业政策的角度看,存在企业利用环境创新策略"迎合政府""寻扶持"的现象,而非进行真正的实质性创新。就其动机而言,这是一种创新策略而非实质性创新。

5.5.2 政策启示

污染企业应加大环境技术创新投入。在环保实践中,脱硫脱硝、布袋除尘、催化转化等技术的不断突破可以对改善环境起到持续的作用。因此,污染企业应注意不断推进环境技术创新,从源头和工艺上提高资源利用效率,使用高效环保设备节约能源,减少环境污染,这将显著改善环境绩效。

在实施环境补贴政策的过程中,政府应严格控制污染源,相关监管部门应加强节能减排的实施,构建更有针对性的污染排放控制监管体系,提高创新过程中的监管效率。同时,政府应积极开展环境污染公众监督,鼓励公众参与环境污染投诉和建议,开放网络互动平台,营造良好的环境保护监督氛围。

环境补贴政策的有效性不能仅用一个绩效指标来衡量。建立更加科学的不同性质、不同行业的企业绩效评价体系,全面评价政策的有效性。环境补贴应该有一个严格的评价体系,不仅包括经济效益的评价,还包括社会效益和环境效益的评价。针对不同类型的企业设计合理、全面的分析评价体系,构建合理、有效的政策支持模式,最大限度地提高政府资金的使用效率。

参考文献

[1]CORMIER D. ,MAGNAN M. The economic relevance of environmental disclosure and its impact on corporate legitimacy:An empirical investigation[J]. Business Strategy & the Environment,2015,24(6),431-450.

[2]郭玥. 政府创新补助的信号传递机制与企业创新[J]. 中国工业经济,2018(09):98-116.

[3]HALL B. H. ,HARHOFF D. . Recent research on the economics of patents[J]. Annual Review of Economics,2012,4(1),541-565.

[4]江飞涛,李晓萍. 直接干预市场与限制竞争:中国产业政策的取向与根本缺陷[J]. 中国工业经济,2010,(9),26-36.

[5]LI D. ,ZHENG M. ,CAO C. ,et al. The impact of legitimacy pressure and corporate profitability on green innovation:Evidence from China top 100[J]. Journal of Cleaner Production,2017(141):41-49.

[6]黎文靖,郑曼妮. 实质性创新还是策略性创新?宏观产业政策对微观企业创新的影响[J]. 经济研究,2016,51(04),60-73.

[7]LUO S. ,SUN Y. . Do Selective R&D incentives from the Government promote substantive innovation? Evidence from Shanghai technological enterprises [J]. Asian Journal of Technology Innovation,2020,28(3),323-342.

[8]毛其淋,许家云. 政府补贴对企业新产品创新的影响:基于补贴强度"适度区间"的视角[J]. 中国工业经济,2015(6):94-107.

[9]OECD. Science,technology and industry outlook 2010. OECD Publishing.

[10]SUEYOSHI T. ,YUAN Y. . Comparison among U. S. industrial sectors by DEA environmental assessment:Equipped with analytical capability to handle zero or negative in production factors[J]. Energy Economics,2015(52):69-86.

[11]TONG,T. ,W. HE,Z. L. HE,J. LU. Patent regime shift and Firm Innovation:Evidence from the Second Amendment to China's Patent Law[J]. In Academy of Management Pro-

ceedings,2014(1):1-174.

[12]王旭,王兰.难辞其咎的大股东:绿色创新导向下政府补贴对绿色创新驱动乏力的新解释[J].研究与发展管理,2020,32(02):24-36.

[13]XIE X.,HUO J.,ZOU H..Green process innovation,green product innovation,and corporate financial performance:A content analysis method[J].Journal of Business Research,2019,101(AUG),697-706.

6 研发激励与企业生命周期

污染企业作为市场经济的重要参与者以及污染物的主要排放者,应当在兼顾经济发展的同时主动承担环保责任。重污染行业在当前环保呼声日益高涨的情况下,面临着行业整顿的重大压力,但同时也拥有着政府支持、激励研发的巨大机遇。本书以2015—2020年重污染行业的上市企业为样本进行倾向值匹配,从企业生命周期和选择性偏差视角,探讨政府的研发资助对重污染企业研发投入的激励效果,并进一步分析企业所有权和高管技术背景的异质性影响。结果表明:在成长期,除了高管无技术背景的企业之外,样本总体及异质性分析的研发激励效果都很显著;成熟期和衰退期的研发激励效果不明显。而未区分企业生命周期时,研发资助显著提高了重污染企业的研发投入,在异质性分析中也是如此。由此可见,企业生命周期会影响研发激励效果,在制定产业政策时,如果根据企业发展所处的生命周期区别使用政策工具,将会取得更好的激励效果。

6.1 问题提出

经济的良性发展需要建立在研发创新和生产力可持续发展的基础之上。随着近年来重大环境污染事故频繁发生,重污染企业生产经营活动的负面环境影响日益为全社会所关注。国家一方面大力整顿重污染行业,严格淘汰不符合行业准入条件的企业;另一方面大力支持重污染企业实施研发创新,实践可持续发展。由于研发创新活动有公共产品的溢出效应,企业不可避免会面临投资不足和市场失灵等问题,此时,作为经济发展中重要的"扶持之手"的政府往往通过产业政策提供研发资助来支持企业技术研发。根据信号传递理论,研发资助能够传递价值信号,从而优化企业融资结构,补偿重污染企业的正外部性。

纵观经典文献,有关研发资助对企业研发创新影响的研究结论并不一致,有所谓的

"挤入效应"和"挤出效应"之说。原因是多方面的,其中企业生命周期是应考虑的因素之一,而考虑企业发展的阶段性特征的文献尚不多见(陈红等,2019;童锦治等,2018);同时,政府对企业实施研发资助政策过程中的选择性偏差也不应被忽视(Bai,等,2019;Boeing,2016)。为此,本书综合这两个因素来探讨研发资助对重污染企业研发投入的影响,以及进行企业所有权和高管技术背景的异质性分析,为重污染企业的研发激励政策提供理论支持和学术意见。

6.2　理论分析与研究假设

一般认为,研发资助为企业技术研发活动提供了直接的资金支持,缓解了企业内源融资压力,填补了企业技术研发活动的资金缺口。同时,研发资助行为向外界传递了积极的认证效应,在资本市场上向投资者释放利好的消息,有助于吸引银行等外部机构投资者进入,间接拓宽了企业技术研发活动的资金渠道;在产品市场上,美化了消费者的企业印象,提升了社会声誉,有助于扩大市场需求。也就是说,研发资助不仅直接或间接为企业技术研发提供了资金,还改善了要素环境,所以,研发资助能够激励企业的技术研发活动,提高企业的研发投入水平,实现技术升级与经济可持续发展的良性互动。这就是所谓的"挤入效应"。然而,"挤出效应"之说亦不可忽视。基于此,我们提出竞争性假设。

H1a:研发资助正向促进了重污染企业的研发投入

H1b:研发资助负向降低了重污染企业的研发投入

基于上述分析,我们发现如果笼统的概括研发资助与企业研发投入的关系,那么其研究结论存在较大分歧。为此,我们引入企业生命周期理论进行更细致的分析。企业生命周期理论认为企业是有机生命组织,具有生命周期特征。处于不同生命周期阶段的企业有着不同的市场竞争状况和财务特征,为此,研发资助对企业研发活动的影响可能存在着生命周期阶段的异质性(陈红等,2019;段姝等,2020)。

成长期企业一般具有如下三个特征:一是较强的内外部融资约束。处于成长期的企业还没有形成稳定的盈利,缺少足够的内部资金支持;外部资金供给者往往持谨慎和观望的态度,也制约了成长期企业的外部融资。二是较多的成本费用需求。成长期企业正处于扩张阶段,往往需要进行大量的实物资产投资以及需要花费更多的业务费用。三是技术研发具有较高的风险和外部性,要明显高于成熟期企业。为此,研发资助可以直接注入资金,有效降低成长期企业的研发成本,提高企业预期收益率,补偿研发创新正外部性带来的成本和收益风险。因此,我们提出以下假设:

H2：研发资助对成长期重污染企业的研发投入具有正面促进作用。

在成熟期，企业的财务利润水平稳定、现金流充裕，企业的经营风险降低，更易得到外部机构投资者的青睐，融资渠道更为通畅。从成本费用需求看，成熟期企业已经基本完成了前期的资本积累，大项资本性支出不多；由于市场营销网络基本建成，业务费等支出显著降低，规模相对稳定。成熟期企业经历了成长期的经验积累，对技术和产品更加熟悉，研发风险大大降低，此时研发资助的激励作用可能会相对较低。因此，我们提出以下假设。

H3：研发资助对成熟期重污染企业研发投入的影响相对较小。

进入衰退期，企业的销售额呈现出下滑的趋势，利润下降甚至亏损。经营风险上升，内外融资渠道受阻，筹资相对困难，能用于研发投入的资金更为紧张，难以对技术设备进行大规模的更新改造，容易脱离研发创新的"前线"。企业首先考虑的是如何"维持现状"或"功成身退"，而非从事风险高、回报周期长的研发活动。因此，我们提出以下假设。

H4：研发资助对衰退期的重污染企业研发投入的影响相对较小。

按照以上分析，并综合考虑政策选择性偏差和重污染企业获得研发资助的影响因素，得到本章的基本理论框架（图6-1）。

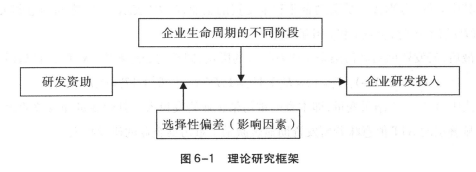

图6-1　理论研究框架

6.3　研究设计

6.3.1　研究方法

本章旨在评估研发资助对企业研发投入的影响。政策评估的核心是回答一个反事实的问题：如果被干预对象未参与研发资助项目，其表现是否会有差异。如果在资助对象选择中,不存在选择偏误,而是遵循完全随机,则受资助企业在反事实情况下,未受资助时的研发投入与实际未获得资助企业研发投入的差值为0。然而在现实中,企业是否获得研发资助可能是非随机的(Bai,等,2019;Boeing,2016)。为了解决评估研发激励政策中的样本选择偏差,倾向值匹配法PSM(Rosenbaum & Rubin,1983)被广泛应用于实证研究。所以,本章利用该方法检验研发资助对重污染企业研发投入的影响。

匹配过程按以下步骤进行:

第一步,运用logit模型对影响研发资助的关键因素进行识别。

$$T_i = \text{Logit}(\beta X_i + \varepsilon_i) \tag{1}$$

其中,T是一个二元变量,如果企业i获得研发资助,则为处理组,等于1,否则为控制组,等于0;X是包含一组企业协变量的向量矩阵,β是系数向量,ε是误差项。

第二步,企业i获得研发资助的概率,即企业i的倾向得分,$P(X_i)$可以通过概率模型来估计:

$$P(X_i) = Pr(T_i = 1 | X_i) \tag{2}$$

第三步,基于倾向得分,采用最近邻匹配法对样本企业进行匹配:

$$C(P_i) = min \parallel P_i - P_j \parallel \tag{3}$$

其中i和j分别代表受资助企业和未受资助企业,$C(P)$表示i和j之间的近邻关系。当$C(P)$值最小时,企业i和j相互匹配。

最后,研发资助对高污染企业研发投入的影响,即平均处理效应(ATT),可以计算:

$$ATT = E(Y_i - Y | T_i = 1) = E[Y_i | T_i = 1, P(X_i)] - E[Y_j | T_j = 0, P(X_j)] \tag{4}$$

式中,Y是一个结果变量,即本章的重污染企业研发投入。其他变量和参数的含义同上。显著正的ATT值意味着研发资助显著激励了重污染企业的研发投入。

6.3.2 样本和数据

本章选取2015—2020年我国沪、深A股的重污染企业作为研究样本。为了减轻异常值影响,剔除了被特殊处理的ST类企业和重要变量有数据缺失的样本,最后得到的样本包括782家企业和4 660项有效观测值。为消除极端值的影响,我们在1%和99%水平对所有连续变量进行了Winsorize处理。所有数据处理均采用Stata15.0软件。

6.3.3 变量定义

研发投入定义为企业研发支出与资产总额的比值。对于没有披露的研发投入信息,记为0,从而减轻样本选择问题和数据损失,也更符合逻辑,因为披露研发投入信息对企业并无不利影响,相反,企业应倾向于主动向市场传递有利信息。

研发资助定义为企业收到研发资助与资产总额的比值。考虑到企业实际获得资助资金的滞后性和数据内生性问题,将研发资助后推一期,这也更符合现实情况。

企业生命周期:关于企业生命周期的划分有多种,本章参考 Dickinson(2011)基于组合现金流的划分方法,即根据经营、投资、筹资的现金流组合把企业生命周期划分为成长期、成熟期和衰退期三个阶段(表6-1)。该方法是以现金流量特征为基础的客观划分方法,既能避免主观判断的偏误,也无须对生命周期的分布进行假设,还能减轻单一指标的测量误差。

表6-1 现金流特征组合与企业生命周期阶段

现金流	成长期		成熟期				衰退期	
经营活动	−	+	+	−	+	+	−	−
投资活动	−	−	−	+	+	+	+	+
筹资活动	+	+	−	−	+	−	+	−

注:依据 Dickinson(2011)的划分并有所变动。

协变量:为了保证处理组和控制组企业之间匹配处理的有效性,精确地估算企业受资助的概率,需要选取一些反映企业特征的相关协变量以强化匹配效果。参考 Boeing(2016)、Giannetti 等(2015)和其他文献,所选协变量包括:企业规模、负债率、盈利能力、企业生命周期、企业所有权性质、高管技术背景。表6-2 报告了变量的选取和定义情况。

表6-2 变量定义表

变量名称	代码	计算说明	数据来源
研发投入	Rd	(企业研发支出/总资产)×100%	CSMAR
研发资助	Fund	(企业收到的研发资助/总资产)×100%	企业年报
企业规模	Size	Ln(总资产)	CSMAR
负债率	Lev	(总负债/总资产)×100%	CSMAR
盈利能力	Opr	Ln(营业收入/营业成本)	CSMAR
企业生命周期	Lifestage	成长期取0,成熟期取1,衰退期取2。	手工整理
所有权性质	State	国有企业取1,民营企业为0。	CSMAR
高管技术背景	Tback	董事长或总经理有技术背景取1,否则为0。	CSMAR

为了保证获得研发资助的企业和未获得研发资助的企业之间匹配处理的有效性，必须能够精确地估算企业获得研发资助的概率，针对性地采取一些反映企业自身特征的相关变量以强化匹配效果。根据现有文献，本章选取表6-2中变量对样本进行了匹配，包括：企业规模、财务杠杆、盈利能力、生命周期、所有权性质和高管技术背景。

6.4　实证结果与分析

6.4.1　变量的描述性统计和相关性

表6-3报告了样本的基本情况。研发投入的最小值为0，最大值为11.24，说明有的企业没有或极少研发投入，而有的企业研发投入相对较多；均值为1.337，最大值是均值的8.1倍，说明企业研发投入水平整体较低，且样本间差异悬殊。研发资助的最大值为均值的18.1倍，最小值为0，也说明研发资助的样本间差异较大，分布不均衡。相比之下，企业规模的分布比较均衡，其他变量的样本分布差异比较小。

表6-3　变量的描述性统计

变量	均值	标准差	最小值	最大值
Rd	1.387	1.337	0.007	11.240
Fund	0.179	0.365	0.000	3.237
Size	22.096	1.442	15.032	29.256
Lev	0.465	0.230	0.030	1.210
Opr	0.347	0.315	−0.024	1.552
Lifestage	0.678	0.614	0.000	2.000
State	0.525	0.499	0.000	1.000
Tback	0.861	0.346	0.000	1.000

从表6-4看，变量之间的相关系数均小于0.5，且多数达到了10%的显著性水平。研发投入与其他变量之间的相关系数的显著性水平均在5%以上。采用VIF进行共线性诊断，各变量的VIF均在　0以下，表明不存在多重共线性问题。

表6-4 变量的相关系数

	Rd	Fund	Size	Lev	Opr	Lifecycle	State	Tback
Rd	1							
Fund	0.21***	1						
Size	-0.30***	-0.23***	1					
Lev	-0.28***	-0.15***	0.47***	1				
Opr	0.12***	0.03*	-0.16***	-0.46***	1			
Lifestage	-0.04**	-0.00	-0.11***	-0.04**	-0.00	1		
State	-0.27***	-0.11***	0.43***	0.41***	-0.23***	0.04***	1	
Tback	0.12***	0.03	0.01	-0.02	-0.01	-0.09***	-0.00	1

注：*、**、***分别代表10%、5%、1%的显著性水平。

6.4.2 主要变量的企业生命周期阶段统计及检验

从企业生命周期的三个阶段,对研发投入和研发资助进行分阶段统计和两两之间的独立样本T检验,结果见表6-5。就有效观测值数量来看,处于成长期的企业数量最多,占比50.3%;成熟期次之,占比35.2%;衰退期最少,占比14.5%。这符合我国沪深股市作为新兴资本市场的现状。

从研发投入的均值来看,表现为成熟期企业>成长期企业>衰退期企业,且差异达到了1%的显著性水平。这表明,成熟期企业的研发力度最强,成长期与衰退期次之。

从研发激励来看,获得研发资助最多的是成熟期企业,接下来依次是成长期和衰退期企业。这说明,相对于成长期和衰退期企业,政策制定者或出于风险规避和资金安全的考虑,更倾向于支持成熟期企业,但各阶段的均值差异并没有达到10%的显著性水平。

表6-5 主要变量按企业生命周期阶段的统计及检验

变量	统计量	企业生命周期			T统计量		
		成长期	成熟期	衰退期	成长期/成熟期	成长期/衰退期	成熟期/衰退期
Rd	样本量	2329	1642	679			
	均值	1.385	1.487	1.128	-2.0447**	3.7821***	4.7751***
Fund	样本量	1852	1284	512			
	均值	0.1810	0.1827	0.1658	-0.1413	1.1251	1.1412

注:括号中数据为T统计量,*、**、***分别表示在10%、5%和1%显著性水平显著。

6.4.3 对影响获取研发资助的因素进行概率估计

利用 PSM 方法分析研发激励的效果时,第一步需要估计企业获得研发资助的概率。表 6-6 是基于 logit 模型对影响获取研发资助的因素进行概率估计结果。所有变量系数均在 1% 水平上显著,说明本章变量设定是合理的。总体来看,企业资产规模相对较小、负债水平越低、盈利能力越强、越年轻、高管有技术背景、民营企业更有可能获得研发资助。民营企业更有可能获得研发资助的结论与现有文献的结论不一致。这可能与近些年一系列鼓励民营企业发展的政策有关。国家持续塑造更好的营商环境,出台有利于民营企业改革发展的政策,激发民营企业的活力和创造力。

表 6-6 研发资助的影响因素

变量	企业是否收到研发资助(收到为 1,否则为 0)
Size	-0.1497^{***}
	(-5.15)
Lev	-1.131^{***}
	(-5.60)
Opr	0.7174^{***}
	(5.38)
Lifestage	-0.1197^{***}
	(-3.56)
State	-0.5056^{***}
	(-5.74)
Tback	0.5201^{***}
	(5.14)
_cons	5.821^{***}
	(8.80)

注:括号中数据为 Z 统计量,*、* *、* * *分别表示在 10%、5% 和 1% 显著性水平显著。

6.4.4 处理效应

PSM 检验结论是否可靠与"独立性条件"能否得到满足密切相关,即要求匹配后处理组与控制组在匹配变量上不存在显著差异。因此,在进行倾向值匹配估计之前,需要就配对进行匹配平衡性检验。表6-7显示,匹配处理后,变量的标准化偏差(%偏差)降到了5%以下,且所有T检验结果表明处理组和控制组之间没有显著性差异,说明所选择的匹配协变量和匹配方法是合适的,经过倾向得分匹配后获得研发资助的企业和未获得研发资助的企业样本不存在显著差异。平衡性假设得到满足意味着以此为基础的倾向得分匹配估计结果是可信的。

表6-7 平衡性检验

变量	匹配状态	均值		偏差 /%	偏差减少 /%	T检验	
		处理组	控制组			T值	P值
Size	未匹配	12.209	26.952	−12.1		−4.68	0.000
	匹配后	12.209	15.008	−2.3	81.0	−1.48	0.138
Lev	未匹配	0.4473	0.5204	−32.3		−9.00	0.000
	匹配后	0.4473	0.4504	−1.4	95.7	−0.58	0.561
Opr	未匹配	0.3377	0.3237	4.5		2.02	0.044
	未匹配	0.3377	0.3444	−2.2	−108.4	−0.60	0.546
Lifestage	未匹配	1.656	1.699	−5.3		−1.47	0.142
	匹配后	1.656	1.652	0.5	90.4	0.21	0.830
State	未匹配	0.4793	0.6771	−40.9		−11.13	0.000
	匹配后	0.4793	0.4757	0.7	98.2	0.30	0.768
Tback	未匹配	0.8836	0.8071	21.3		−0.77	0.440
	匹配后	0.8836	0.8714	3.4	84.1	1.56	0.120

匹配后,通过评估处理组和控制组的差异值,可以估计研发资助对研发投入的平均干预效应(ATT)。如表6-8所示,从成长期看,研发资助显著提高了企业研发投入,受资助企业与未受资助企业的差异值(ATT)为0.3991,受资助企业的研发投入比未受资助企业高出37.58%。成熟期和衰退期的研发资助对企业研发投入的影响分别是下降了0.0394和提高了0.2362,但都没有达到10%的显著性水平。未区分企业生命周期阶段时,研发投入数量的显著正差异表明,研发资助显著激励了企业研发投入。受资助企业与未受资助企业的差异值(ATT)为0.21,受资助企业的研发投入与未受资助企业高出16.77%。前述假设均得到验证。

表6-8 研发资助对研发投入的平均处理效应

	样本	处理组	控制组	差值	标准差	T值
未区分企业生命周期	未匹配	1.462	0.9826	0.4794	0.0637	7.52
	匹配后 ATT	1.462	1.252	0.2100	0.0738	2.85***
成长期	未匹配	1.461	0.8947	0.5667	0.0862	6.57
	匹配后 ATT	1.461	1.062	0.3991	0.0837	4.77***
成熟期	未匹配	1.574	1.0706	0.5035	0.1115	4.51
	匹配后 ATT	1.574	1.6136	−0.0394	0.1483	−0.27
衰退期	未匹配	1.037	0.6546	0.3830	0.3166	1.21
	匹配后 ATT	1.037	0.8014	0.2362	0.4637	0.51

注：*、**、*** 分别代表10%、5%、1%的显著性水平。

6.4.5 异质性分析

在企业生命周期的基础上，我们还注意到有相当多的文献发现研发资助对不同类型的企业研发投入的影响存在差异。我们进一步分析企业所有权和高管技术背景的异质性影响。

6.4.5.1 所有权性质

表6-9和表6-10显示，从成长期看，受资助国有企业与未受资助国有企业的差异值（ATT）为0.4832，高出83 13%，在1%的水平上显著；受资助民营企业的研发投入比未受资助民营企业高出0.2877，幅度为19.96%，在5%的水平上显著。从成熟期和衰退期看，无论是国有企业还是民营企业的研发资助对研发投入的影响达不到10%的显著性水平。未区分企业生命周期阶段时，研发资助显著刺激了企业研发投入。受资助国有企业与未受资助国有企业的差异值（ATT）为0.1745，受资助国有企业的研发投入比未受资助国有企业高出19.19%；受资助民营企业与未受资助民营企业的差异值（ATT）为0.2495，受资助民营企业的研发投入比未受资助民营企业高出16.72%；均达到5%的显著性水平。

表6-9 国有企业分组的研发资助对研发投入的影响

	样本	处理组	控制组	差值	标准差	T值
未区分企业生命周期	未匹配	1.083	0.6725	0.4113	0.0765	5.38
	匹配后 ATT	1.083	0.9092	0.1745	0.0887	1.97**
成长期	未匹配	1.064	0.5008	0.5637	0.1094	5.15
	匹配后 ATT	1.064	0.5812	0.4832	0.0893	5.41***
成熟期	未匹配	0.8879	0.6863	0.2015	0.3874	0.52
	匹配后 ATT	0.8879	0.9142	−0.0263	0.5403	−0.05
衰退期	未匹配	1.088	0.8642	0.2242	0.2575	0.87
	匹配后 ATT	1.088	1.075	0.0133	0.3059	0.04

注: * 、** 、*** 分别代表10%、5%、1%的显著性水平。

表6-10 民营企业分组的研发资助对研发投入的影响

	样本	处理组	控制组	差值	标准差	T值
全部	未匹配	1.742	1.506	0.2362	0.1022	2.31
	匹配后 ATT	1.742	1.492	0.2495	0.1141	2.19**
成长期	未匹配	1.728	1.441	0.2877	0.1277	2.25
	匹配后 ATT	1.728	1.471	0.2575	0.1306	1.97**
成熟期	未匹配	1.944	1.676	0.2685	0.2035	1.32
	匹配后 ATT	1.944	1.817	0.1276	0.2198	0.58
衰退期	未匹配	1.190	0.5675	0.6231	0.5832	1.07
	匹配后 ATT	1.190	0.75	0.4406	0.6497	0.68

注: * 、** 、*** 分别代表10%、5%、1%的显著性水平。

6.4.5.2 高管技术背景

如表6-11和表6-12所示,在成长期,当高管有技术背景时,受资助企业的研发投入比未受资助企业高出0.4371,幅度为41.11%,在1%的水平上显著;当高管无技术背景时,研发激励的效果为0.3056,但达不到10%的显著性水平。从成熟期和衰退期看,无论高管有无技术背景,研发激励效果均达不到10%的显著性水平。未区分企业生命周期阶段时,无论企业高管有无技术背景,研发资助对企业研发投入均起到了积极的促进作用,均达到5%的显著性水平。相比之下,当高管有技术背景时,受资助企业超过未受资助企业的差异值为0.1783,幅度为13.33%;当高管无技术背景时,受资助企业超过未受资助企业的差异值为0.3535,幅度为58.59%。

表6-11　高管有技术背景分组的研发资助对研发投入的影响

	样本	处理组	控制组	差值	标准差	T值
全部	未匹配	1.516	1.020	0.4964	0.0690	7.19
	匹配后 ATT	1.516	1.338	0.1783	0.0794	2.25**
成长期	未匹配	1.50	0.9222	0.5781	0.0921	6.27
	匹配后 ATT	1.50	1.063	0.4371	0.0908	4.81***
成熟期	未匹配	1.630	1.087	0.5433	0.1191	4.56
	匹配后 ATT	1.630	1.814	−0.1834	0.1635	−1.12
衰退期	未匹配	1.313	1.402	−0.0894	0.2430	−0.37
	匹配后 ATT	1.313	1.287	0.0254	0.3498	0.07

注:*、**、***分别代表10%、5%、1%的显著性水平。

表6-12　高管无技术背景分组的研发资助对研发投入的影响

	样本	处理组	控制组	差值	标准差	T值
全部	未匹配	0.9552	0.7027	0.2525	0.1363	1.85
	匹配后 ATT	0.9552	0.6016	0.3535	0.1793	1.97**
成长期	未匹配	1.020	0.644	0.3761	0.2065	1.82
	匹配后 ATT	1.020	0.7145	0.3056	0.2354	1.30
成熟期	未匹配	1.058	0.9011	0.1575	0.2707	0.58
	匹配后 ATT	1.058	0.7628	0.2958	0.4894	0.60
衰退期	未匹配	0.6440	0.5905	0.0534	0.2208	0.24
	匹配后 ATT	0.6440	0.2409	0.4031	0.2886	1.40

注:*、**、***分别代表10%、5%、1%的显著性水平。

6.5　小结

6.5.1　研究结论

关于研发资助对企业研发投入的影响是"挤入效应"还是"挤出效应",学界观点尚不一致。本章从企业生命周期和选择性偏差视角,提供了新的诠释。本章利用2015—2020年重污染行业上市企业的面板数据进行实证检验,结果表明企业生命周期阶段对研发激励效果的影响存在差异。

(1)在未区分企业生命周期阶段时,研发资助显著地促进了重污染企业的研发投入,在企业所有权和高管技术背景的异质性分析中都是如此。

(2)从企业生命周期的不同阶段看,成长期的重污染企业的研发资助对研发投入存在显著的正面影响,但成熟期和衰退期的重污染企业的研发激励效果不明显。

(3)研发资助显著地提升了处于成长期的国有企业的和民营企业研发投入;对成熟期和衰退期的影响不显著。

(4)处于成长期的高管有技术背景的重污染企业研发资助对研发投入有显著促进作用,但对其他时期和高管没有技术背景的重污染企业的生命周期阶段没有显著影响。

6.5.2 政策启示

由于处于不同生命周期阶段的重污染企业,开展研发活动所必需的生产要素存在较大差异,所以为了有效激励重污染企业增加研发投入、进行技术创新,政策应当根据重污染企业发展所处的生命周期阶段来区别使用研发激励措施。比如,处于成长期的重污染企业通常具有较强的创新动力,但缺乏足够的研发资金;而成熟期的重污染企业通常已经完成市场网络构建,在市场中占有一席之地,且具有稳定的获利能力,其研发资助的效用可能有所降低。成熟期的样本企业获得的研发资助最多,但研发激励效果不显著就说明了这一点。因此,对于成长期的污染企业,政府应采用更加灵活的资助手段,盘活社会资源,提高研发风险承受力,充实这些企业的创新资金。对于成熟期的企业,政府应从激励其研发意愿的角度来设计相关的激励政策,调动创新积极性,利用市场化手段发掘内在动力和潜力,而不应局限于经济资助。对于衰退期的企业,政府应引导其妥善退出旧的业务领域,激励其勇于开辟新的业务增长机遇,利用好现有资源转而进入新业务成长期,实现企业持续发展。

参考文献

[1]段姝,杨彬.财政补贴与税收优惠的创新激励效应研究:来自民营科技型企业规模与生命周期的诠释[J].科技进步与对策,2020,37(16):120-127.

[2]陈红,张玉,刘东霞.政府补助、税收优惠与企业创新绩效:不同生命周期阶段的实证研究[J].南开管理评论,2019,22(03):187-200.

[3]童锦治,刘诗源,林志帆.财政补贴、生命周期和企业研发创新[J].财政研究,2018 (04):33-47.

[4]BAI Y., SONG S., JIAO J., YANG R.. The impacts of government R&D subsidies on green innovation: Evidence from Chinese energy - intensive firms. Journal of Cleaner Production,2019(233):819-829.

[5]BOEING P.. The allocation and effectiveness of China's R&D subsidies - Evidence from listed firms. Research Policy,2016,45(9):1774-1789.

[6]DICKINSON V.. Cash flow patterns as a proxy for firm life cycle. The Accounting Review, 2011,86(6):1969-1994.

[7]GIANNETTI M., LIAO G., YU X.. The brain gain of corporate boards: Evidence from China. Journal of Finance,2015,70(4):1629-1682.

[8]ROSENBAUM P. R., RUBIN D. B.. The central role of the propensity score in observational studies for causal effects. Biometrika,1983,70(1):41-55.

财政补贴、企业绩效和中部崛起政策

促进中部地区崛起,是落实四大板块区域布局和"三大战略"的重要内容,是构建全国统一大市场、推动形成东中西区域良性互动协调发展的客观需要,是优化国民经济结构、保持经济持续健康发展的战略举措,是确保如期实现全面建设小康社会目标的必然要求。国家实施"中部崛起"规划,在国家层面的资源分配中给予中部地区更多倾斜。一般而言,这种国家资源的倾斜往往通过政策规制和政府补助资金审批的方式实现的。政府补助是政府基于特定公共目标、干预经济与社会发展的政策措施,覆盖面广、额度大,补助效果不仅事关微观市场主体行为,也影响国家政策目标的实现。上市企业作为国民经济的支柱,其本身所具有的发展经济、保障民生和造福社会的责任与使命必然赋予其在中部崛起、区域协调发展过程中发挥示范和辐射带动作用。实证检验发现财政补贴水平对企业绩效具有显著的正面影响,以及中部崛起政策的施政效果,也就是说随着财政补贴水平的增加,企业绩效随之提升,以及中部崛起政策显著促进了财政补贴政策的实施效果。在此基础上,采取随机抽样和利用二阶段最小二乘法、Logistic 回归检验上述结论的稳健性,结果显示研究结论可靠。

7.1 问题提出

在东部地区优先发展、西部地区加快发展的过程中,中部地区出现"塌陷"现象。为缩小区域差距、实现区域协调发展,国家实施了"中部崛起"规划 2009—2015、2016—2025 年等纲领性文件。自我国实施中部崛起战略以来,中部六省发展速度明显加快,产业发展迈出了实质性步伐。根据网易、搜狐和新浪网等报道,在第一个十年节点之际,2018 年六省 GDP 总量达到 19.27 万亿元,在全国的占比提高到 21.4%,并且,有四个中部省份经济增速达到全国前十。从2009—2018年的时间,中部六省GDP总量增长了174.68%,占全国GDP比例增加了0.49个百分点。2021年《中共中央国务院关于新时代推动中部地区高质量发展的意见》发布,"中部崛起"再次成为焦点。

从近10年来的中部地区的经济增长情况看,经济增长速度明显放慢,进入一个相对稳定的时期(表7-1)。经济趋势稳定向好的发展态势表明中国和中部地区在全球经济低迷环境里表现出可持续稳定增长的能力(汪锋等,2018)。中部地区经济也以超过全国平均值的速度持续快速增长。

表7-1 中部地区 GDP 增长率

地区	2012 年	2013 年	2014 年	2015 年	2016 年	2017 年	2018 年	2019 年	2020 年
全国	0.079	0.078	0.074	0.070	0.068	0.069	0.067	0.060	0.023
山西省	0.101	0.089	0.049	0.031	0.045	0.071	0.066	0.061	0.036
安徽省	0.121	0.104	0.092	0.087	0.087	0.085	0.080	0.073	0.039
江西省	0.110	0.101	0.097	0.091	0.090	0.088	0.087	0.079	0.038
河南省	0.101	0.090	0.089	0.083	0.081	0.078	0.076	0.068	0.013
湖北省	0.113	0.101	0.090	0.089	0.081	0.078	0.078	0.073	−0.05
湖南省	0.113	0.101	0.095	0.085	0.080	0.080	0.078	0.076	0.038

注:根据国家统计局网站数据整理。

《促进中部地区崛起规划(2016—2025年)》等国家文件强调要在十年内继续促进中部地区崛起,在国家层面的资源分配中给予中部地区更多倾斜。鼓励性的政策扶持能够为地方经济活动参与者带来较大优惠,但是政策的落实效果与地区环境及参与者行为密切相关。企业是国民经济的主导动力,是社会主义经济的重要支柱。国家支持中部崛起,给予了大量财政补贴。在政策实施时,这种国家资源的倾斜往往通过政策规制和资金审批的方式实现,使得基层企业普遍"求财若渴"。然而,财政支持企业资金的效率和效益低下问题早已为学术界或实务界所诟病。自2018年《地方财政预算执行支出进度考核办法》和《中共中央国务院关于全面实施预算绩效管理的意见》等规章制度陆续出台,中央经济工作会议赋予2019积极财政新内涵:加力提效,"提效"指的是提高财政资金配置效率和提高财政资金使用效益。这表明财政补贴怎样支持企业发展,从而使政府支持企业资金能够更好地服务于经济发展和社会公平实现的宏观目标已经成为财政改革和政策研究的关注对象。

理论界和实务界普遍认为财政补贴兼有正面和负面双重效果。"中部崛起"规划的公共目标明确,其干预经济与社会发展的政策措施的覆盖面广、支持额度大,政府补助效果不仅事关微观市场主体行为,也影响国家政策目标的实现。在中部崛起背景下,财政补贴政策效果到底如何,究竟能在多大程度上对中部企业的经济效益产生影响,并能对企业与社会的高质量发展起到怎样的助推作用,切实贯彻落实新发展理念,实现中部崛起,着实是财政补贴理论运用与政策实践的研究重点。本书将紧密关注这一现实问题,努力突出应用价值,既面向全国,也将立足河南,既反映有关最新研究进展,也为关乎国情和省情的重大社会经济问题建言献策。

7.2　文献回顾

这方面的研究非常丰富,简要概括将其细分为:财政补贴与企业研发或创新、寻租或政治关联、与企业经济效益(常见的有财务绩效、融资效果、成长性、投资效率、投资者回报等)、企业社会责任的相关研究。这些研究主题往往交叉在一起,其研究评述也有许多交叠之处,呈现出比较清晰的学术史梳理及研究动态,这为本书提供了借鉴,所以本书不再赘述。

理想状态下,政府补助作为宏观调控的重要手段,扮演着"扶持之手"的角色,政府给予企业补助时应有明确的初衷,并附有一定的政策性条件或要求。然而,现实中的参与者申请或审批补助项目和金额时拥有比较宽泛的自由裁量权,使得政府补助的政策和机制存在很大程度的个人倾向,导致政府补助的效果并不确定。现有文献对政府补助与企业绩效之间的关系形成了截然不同的观点。其主要观点或结论可以归纳总结为两类:正向效果或负向效果。

正面观点认为,财政补贴有利于弥补创新过程中的市场失灵,但政治关联能够不带动企业层面的创新投入或绩效提升。Mohnen(2009)针对加拿大的研究、Arqué-Castells(2013)针对西班牙制造业公司的研究、Augusto 等(2014)对意大利企业的研究,以及 Le and Jaffe(2017)针对新西兰企业的研究都支持此观点。国内学者认为财政补贴政策对企业的研发投入和实质性创新都有显著激励效果(张振华,2020),有助于经济绩效和社会责任提升(孔东民、李天赏,2014),对企业成长有积极作用(李传宪,2016;刘新民、宋红汝、范柳,2019),但寻租有抑制作用(江新峰等,2017)。余明桂(2016)对上市公司及其子公司的专利数据的研究、彭红星(2017)和雷根强(2018)对高新技术企业的研究、郭玥(2018)对沪深 A 股上市公司的研究也提供了这方面的证据。

负面观点认为,财政补贴对企业的创新会产生挤出效应(Mamuneas and Nadiri,1996;

Gorg and Strobl,2007;Aghion et al.(2015)。国内研究也表明,政府与企业之间的信息不对称,会让政府补贴产生'逆向'引导作用,导致过度投资(魏志华等,2015)、"寻补贴"投资(安同良等,2009;毛其淋和许家云,2015;杨国超等,2017)和策略性创新(黎文靖和郑曼妮,2016),从而严重削弱财政补贴对企业创新的激励效应。财政补贴对于企业经济和社会效益的提升作用不显著(于赛渊,2017),也无助于投资者获得更高的市场回报率(魏志华等,2015)。补贴规模快速上升,"虚增"了财政补贴的规模扩大和效率低下(范子英、王倩,2019)。

7.3 研究设计

7.3.1 数据和样市

本章以2013—2019年在沪深证券交易所上市的中部六省的上市公司为样本。财务数据来自国泰安数据库。各地区的产业结构和 GDP 数据来自于国家统计局网站。为了保证样本数据的完整性和样本经营状态的稳定性,剔除了重要指标数据不全的公司、金融类公司和连续两年以上 ST 公司。最终得到 732 家企业的 5 573 项数据。数据处理采用了 Stata15.0。

7.3.2 变量说明

遵循现有文献的研究习惯,本章选取了当前广泛使用的研究变量(表 7-2)。对于因变量,以资产报酬率衡量企业绩效。对于自变量,财政补贴从上市公司年报利润表的补助项目或报表附注中获取,若存在缺失值,则记为 0,因为企业无须隐藏收到政府补助的信息。

对于公司层面的影响因素,选取了企业规模、财务杠杆、运营效率和费用水平作为控制变量;对省际层面的影响因素选取,考虑到中部六省的经济特征差异,选取产业结构为控制变量。上市企业往往是某产业的龙头企业,比如山西的资源导向性的产业结构类似于西部省份,湖南和江西加速融入"泛珠三角",吸引珠三角产业转移,安徽大力实现东向发展,加速融入长三角,吸引长三角产业转移,河南和湖北在积极吸引东部地区产业转移的同时,努力打造中部地区的核心城市群。

表 7-2 变量定义

类型	名称	度量指标	代码	计量方法
因变量	企业绩效	资产报酬率	ROA	净利润/总资产
自变量	财政补贴	Ln(财政补贴金额)	SUB	企业年报中资产补助和收益补助
控制变量	企业规模	Ln(企业资产总额)	SIZE	资产总额的对数
	财务杠杆	权益乘数	LEV	资产总额/所有者权益
	营运效率	资产周转率	TAT	总资产周转天数的对数
	成本水平	营业成本率	COST	1-息税前利润/营业收入
	产业结构	第二产业比例	SEC	各省的第二产业占 GDP 比重
		第三产业比例	THIRD	各省的第三产业占 GDP 比重

7.3.3 研究模型

采用回归模型检验研究假设。基于上述变量,构建基础模型(1)检验财政补贴与企业绩效的关系:

$$ROA = \beta_0 + \beta_1 SUB + \beta_2 SIZE + \beta_3 LEV + \beta_4 TAT + \beta_5 COST + \beta_6 SEC + \beta_7 THIRD + \varepsilon \qquad (1)$$

上式中,控制变量都滞后一期,以减少内生性的影响。财政补贴后推一期,是因为政府对企业的拨款资助与企业产出之间大约有一年的时滞。根据面板数据回归分析的要求,需要进行模型选择。所以,对模型进行了豪斯曼检验。出于稳健性考虑,本章同时报告出各个模型的固定效应和随机效应的回归结果。

7.4 实证结果分析

7.4.1 描述性统计

表 7-3 是各变量的描述性统计信息。资产报酬率的均值为 2.412,标准差为 5.014,表示中部地区的上市公司的整体获利能力并不高,且获利能力存在较大差异。财政补贴的最大值和最小值也有较大差距,表明企业获得的政府支持力度并不均衡。企业之间营业成本率、财务杠杆的差异也很大。相比之下,营运效率、企业规模和产业结构变量的差

异程度相对较小。

表7-3 变量描述性统计信息

	平均值	标准差	最小值	最大值	中位数
ROA	2.412	5.014	−23.516	22.552	2.066
SUB	16.459	2.005	8.517	22.106	16.614
TAT	6.497	0.662	4.969	8.426	6.456
COST	94.751	14.756	28.996	165.98	96.111
LEV	3.180	2.593	1.125	32.937	2.465
SIZE	22.926	1.192	20.259	25.731	22.901
SEC	0.463	0.036	0.387	0.537	0.465
THIRD	0.442	0.049	0.348	0.557	0.436

7.4.2 相关系数

表7-4是Pearson相关系数。结果表明各变量间存在一定的相关性。绝大多数变量之间的相关性系数均小于0.4,处于合理范围之内,仅有个别变量之间相关性系数大于0.4。进一步对这些变量进行共线性诊断,得到的方差膨胀因子VIF均在7以内,说明变量的多重共线性问题不会对回归结果造成显著影响。

表7-4 相关性系数和 VIF

	VIF	ROA	SUB	TAT	COST	LEV	SIZE	SEC	THIRD
ROA		1.000							
SUB	1.42	0.080**	1.000						
TAT	1.09	−0.160***	−0.136***	1.000					
COST	1.20	−0.740***	0.225***	−0.183***	1.000				
LEV	1.26	−0.295***	0.155***	0.080*	0.242***	1.000			
SIZE	1.54	−0.019	0.398***	0.094**	0.000	0.343***	1.000		
SEC	5.96	0.115***	0.210***	−0.120***	−0.084**	−0.112***	0.025	1.000	
THIRD	6.48	−0.119***	−0.149***	0.146***	0.083*	0.193***	0.140***	−0.898***	1.000

注:*、**、***分别代表10%、5%、1%的显著性水平。

资产报酬率与财政补贴、运营效率、营业成本率之间的相关系数分别为0.080、−0.160、−0.740,均达到0.05显著性水平,预期假设可能通过验证。由于相关性分析仅仅初步分析变量之间的相关性,所以研究假设是否成立仍然需要进行回归分析。

7.4.3 回归分析

如表7−5所示。Hausman检验统计量在1%显著性水平上显著,表明模型的固定效应优于随机效应。

表7−5 财政补贴和企业绩效的关系

	(1)FE	(2)RE
	ROA	ROA
SUB	0.255**	0.233**
	(0.103)	(0.102)
SIZE	1.356***	1.262***
	(0.193)	(0.192)
LEV	−0.148***	−0.154***
	(0.0129)	(0.0128)
TAT	−0.00104***	−0.00110***
	(0.000274)	(0.000278)
COST	−0.121	−0.193
	(0.184)	(0.187)
SEC	72.91***	17.25
	(23.81)	(12.11)
THIRD	52.12***	6.784
	(18.79)	(9.033)
_cons	−72.21***	−24.14***
	(19.30)	(8.988)
N	5273	5273
R2	0.2858	
F值	31.26***	
Chi 2		233.32***
Hausman 检验		
Chi 2	53.44***	

注:括号内是标准误。*、**、*** 分别代表10%、5%、1%的显著性水平。

模型(1)FE 结果显示,财政补贴的回归系数为0.255,在0.05 水平上显著,说明财政补贴能够促进企业资产报酬率。企业规模的回归系数为1.356,在0.01 水平上显著,是企业层面控制变量中最大的,可见大企业的财政补贴效果更好。财务杠杆、运营天数的回归系数为负,在0.01 水平上显著,表明负债率和运营效率负面影响财政补贴的效果。成本水平的回归系数不显著,则表示成本对财政补贴的效果没有显著影响。产业结构对财政补贴的效果影响很大,尤其是第二产业在国民经济中所占的比例。这种情况符合中部地区的上市公司以第二产业为主,因为中部地区以资源型省份为主,面且每个省份各有其资源特色。

7.4.4　中部崛起政策的影响

中部崛起作为一项正式的国家制度安排,必然伴随着一系列的监管、督促、考核和评比等措施,以保障政策的顺利落实和预期效果。这些措施将促使企业更加努力经营,从而达到示范和辐射带动区域发展的政绩要求,这与接受财政补贴之前的经营状态有较大差异。为了比较中部崛起政策实施前后的财政补贴和企业绩效关系的这种变化,本章以中部崛起政策在2016 年实施为时间分界点,引入时间虚拟变量,2016 年及以后取值为1,否则为0,选取模型(1)FE 进行了检验(表7-6)。

分别做回归分析,得到模型(3)至模型(4),结果如表9 所示。邹检验在5% 的水平上显著,表明两个模型存在差异。相比之下,财政补贴的回归系数都达到了1% 的显著水平,但模型4 中的值更大,表明中部崛起政策比实施之前对财政补贴的效果的影响更大。也就是说,中部崛起政策显著影响了财政补贴对企业绩效的作用。

从其他变量看,企业规模在中部崛起政策之后的影响更强,表明大企业在中部崛起政策影响下的财政补贴效果更好。一般而言,中部地区的大企业以国有企业为主,这也表现了国有企业在国民经济中的支柱作用。因为,这种国家资源的倾斜往往通过政策规制和政府补助资金审批的方式实现的。由于国有企业处于政府的控制之下,国有企业与政府之间有着天然的联系,容易得到更多的政策支持和政府资源,是政府影响的直接对象。国有企业作为国民经济的支柱,其本身所具有的发展经济、保障民生和造福社会的责任与使命必然促使其在中部崛起、区域协调发展过程中发挥示范和辐射带动作用。

成本水平与模型(1)相比变得显著;成本水平、营运天数和财务杠杆的负面影响的程度在中部崛起政策之后有所减轻,表明财政补贴政策的覆盖面更加广泛,补贴力度更大。从产业结构看,第二产业结构的回归系数都不显著,第三产业的回归系数显著,且明显变大,这表明中部崛起政策支持中部各省的个性化发展,不再依赖传统的资源型经济增长模式。

表 7-6 中部崛起政策在财政补贴效果上的体现

	(3)2016 年以前	(4)2016 年以后
	ROA	ROA
SUB	12.35***	17.031***
	(3.846)	(2.443)
TAT	−29.53***	−16.04***
	(8.589)	(5.361)
COST	−1.613***	−0.898***
	(0.511)	(0.329)
LEV	−0.882***	−0.493***
	(0.176)	(0.0948)
SIZE	0.401	0.966***
	(0.312)	(0.267)
SEC	12.59	20.87
	(22.74)	(17.13)
THIRD	3.56**	43.485**
	(18.50)	(12.40)
_cons	244.5***	99.42**
	(66.96)	(39.75)
N	224	336
R^2	0.264	0.144
F	11.10***	7.87***
邹检验 F	4.5618**	

注:括号内是标准误。*、**、*** 分别代表 10%、5%、1% 的显著性水平。

7.5 讨论与扩展

本章从财政补贴与单一经济绩效指标的实证研究的基本关系入手,考察了中部崛起政策对财政补贴效果的影响。研究发现:财政补贴与企业绩效之间呈现显著正向作用关系;在实施中部崛起政策之前,第二产业在国民经济中的比例是最大的影响因素,这符合中部地区以资源型经济增长为特色的区域情况。在中部崛起政策实施之后,上述影响有所改变,财政补贴对企业绩效的影响作用明显增强,第三产业对财政补贴效果的影响显著,第二产业对财政补贴效果的影响不再显著,从而证明了中部崛起策略的实践效果。与现有文献相比,本章验证了财政补贴的正面观点,保持了理论研究的一致性。本研究的贡献在于,利用中部六省样本企业进一步验证了现有文献观点;从微观层面检验了中部崛起政策对财政补贴和企业绩效之间关系的影响,弥补了现有文献往往从区域或行业等宏观指标进行分析的不足,为中部崛起政策效果提供了经验证据。

本章的不足之处也很明显。虽然中部崛起背景下的上市企业凭借其的规模优势和身份优势更容易获利补助资源,但是各省的省情不同及补贴效果还会受到政策参与人的直接影响,具有不确定性。当前经济正处于转型期,财政补贴与企业绩效的关系表明企业对资源的依赖和低效率的经营状态和没有根本改善,容易产生挤出效应,诱发"资源诅咒",进而对中部地区长期经济发展产生不利影响。另外,企业绩效包括多个维度,本章仅对单一经济收益指标进行了探讨,存在一定的局限性,还需要增加技术创新或社会表现等方面的研究。于是,下面从企业的综合绩效测量开始,对财政补贴的效果进行了实证研究。

7.5.1 综合绩效的内涵

从利益相关者理论的观点看,企业作为社会的基本单位,主要从事社会生产,且存在于社会关系网之中,而这些社会关系网络又由利益相关者构成。企业向社会利益相关者提供产品或服务,满足其社会经济生活需要并产生一定的影响。作为经济行为,从社会责任角度审视,企业在从事生产的过程中要实现自身利益最大化,且这种经济行为也会产生"外部效应"。比如,企业之间会因为垄断或其他导致不正当竞争,企业也会由于过度追求自身利益最大化而导致环保意识不足,排放污水、污气,或者因法律意识不足偷税漏税、拖欠工人工资或非法使用童工等,这些就是负的外部效应;而企业对公益事业的捐赠和慈善行为等就是正的外部效应。

这种思想早就包括在亚当·斯密(Adam Smith)的《道德情操论》中。随着社会进步、时代发展,在当前的自然环境日益恶化,社会矛盾多样存在,消费者需求多元化的新形势下,社会责任的内涵被不断补充、拓展,也变得愈加丰富和完善,包括但不限于生态环境维护、员工发展、产品质量控制、纳税、慈善、捐赠等。Schwartz 和 Carroll(2003)对企业社会责任提出的综合性定义印证了基于生产的社会关联也即生产的政治样态演化的社会责任内涵,明确了从企业互利特征的经济关联到隶属于社会关联的社会责任是企业生产方式的再生产过程。这与 Michael Burawoy(1985)从"生产政治"视角将生产领域与企业有关的上层建筑称之为"生产政体"的观点是一致的。换言之,政治与生产"关联性"的观点同样明确了企业不仅是充当交易主体的角色,还会与政府、社会发生政治关联、社会关联,在这种影响生产方式的社会资源配置关联中对企业产生非交易性的地位提升作用(边卫军、赵文龙,2016)。如同亨利·列斐弗尔(H. Lefebvre)认为"不管在什么地方,处于中心地位的是生产关系的再生产"。也就是说,作为社会关联结构组成的经济关联,在当前的社会样态中是企业为载体发生的各种交易与非交易关系。这样,企业在经济利益的驱使下,在政府、企业、社会的合力作用下,不断地适应社会经济制度和道德要求,不断地与政治、民生、科技、文化、生态等因素交互融合。

于是,随着社会责任内涵的不断丰富,企业的经济营利性特点也必将依附于社会网络中并对企业社会责任进行再生产。换句话说,在市场经济条件下,企业作为从事经济交易或非交易的载体,其经济盈利行为也必须遵守社会关系网的规则,承担相应的社会责任。于是,企业虽基于实现利益最大化的初始动机,但由于受到政府部门、社会经济利益相关者以及其他企业的共同影响,也会不断地适应和遵循各种经济规则制度以及社会道德的要求,并不断地达到与政治制度、科技文化、民生生活、生态环境等因素交互融合而实现发展。

从资源基础理论的观点看,资源是企业的元素,企业由不同的资源构成。企业生产和社会责任依赖于企业的资源基础。企业从事生产、履行社会责任离不开所占有的资源。随着经济发展和社会变迁,企业资源的内涵不断深化,企业对资源依赖关系的外延不断扩大。从社会经济发展的历程看,企业追求利润最大化首先基于单一的物质资源的扩大再生产。随着技术进步和人力资源对市场竞争作用的强化,以及知识经济和社会关系资本的兴起,企业对资源依赖扩大到技术、人才、知识、社会关系等多个方面。这些资源都为实现企业的正常运转和经营提供了必要的条件。从单一的物质资源到人力资源,再扩展到社区对企业的态度等都成为企业必不可少的资源。根据资源存在形态的不同,可以分为有形和无形两种资源。企业为维持生产经营活动所取得的土地、建造的厂房、储备的资金、购置的生产线等,这些就属于有形的资源。比如企业占有技术,企业培养的内部文化,企业在利益相关者中的声誉,企业员工的知识水平和员工对企业忠诚度等,这些就属于无形的资源。很明显,这些资源隶属于方方面面的社会主体而被投入企业。在早期的企业中,物质资源对企业生产的贡献非常大,导致了以股东为中心配置权利和责任的单边企业治理逻辑。在新经济时代,人力资源等非物质资源对企业发展和价值创造的影响变得越来越关键,而物质资源的贡献率相对下降。于是,企业生产和履行社会责任的对象从单边股东主义扩大到更多利益相关者的多边主义。

　　仅就资源自身而言,它是非生产性的。只有当资源被企业有效运用时,才能成为社会财富的源泉。资源运用效果取决于企业的能力,如盈利能力、组织能力、创新能力、对利益相关者的整合能力等。企业能力是企业保持竞争优势的关键条件,也是企业承担社会责任的基本原则。因为个体或组织之间的互动从本质上来说是一种交换关系。双方通过交换各自特有的资源,从而达到互惠目的。然而,企业通过履行社会责任与利益相关群体进行的交换并非一种正式交换,具有很高的不确定性和风险性(李维安,2015)。所以,企业需要具备对资源进行聚集、整合、内化的能力,否则,企业的社会责任付出将变成负担而难以为继。资源提供者之所以愿意把其拥有的资源投入企业,是因为他们预期企业能够创造回报,并能够按照一定的规则进行分配,即资源提供者获得了要求企业承担相关责任的权利。而企业因为使用资源也具有了向资源提供者分配利益的义务。最终,企业的尽责情况影响着资源提供者的满意程度,构成了企业生产和社会责任的社会影响。这也能够解释为什么多样化的资源所有者更愿意把其掌握的资源投入企业,当他们把多样化的资源投入企业后,企业在日常的生产经营过程中对这些资源进行合理配置和使用,并据此产生一定的收益,企业的收益也将按照相应的分配原则分配给具有多样化资源的所有者,而不再是物质资本一方独大。换句话说,这些多样化的资源供给者具有一定的权利,即要求企业履行相关的责任,而被投资企业也具有一定的义务,即按照一定的经济规则向资源供给者分配相应的收益。最终,资源供给者的满意程度主要取决于企业履行相关责任的情况,这也就是企业对诸多利益相关者的社会影响。

　　在以上分析的基础上,对于企业的资源基础、经济盈利、创新发展和社会影响四个方面,本章选择了相对应的四个方面的常见指标:资产与资金、营业收益与纳税、技术研发、员工,分别进行代表并进而衡量企业绩效。这四个方面的指标既有内在联系,又能从不同内容呈现其独特特征。比如,资产与资金的总额可以反映出上市企业的资源规模,在一定程度上可以体现企业拥有或控制的资源多少。通常来说,企业资产规模大,意味着其生产能力也较大,同时也代表着其纳税规模也较大,其对社会的贡献程度也较多,相应地,其社会关系网络的嵌入程度也较高。

　　营业收益与纳税主要衡量企业的获利能力,它主要从企业收益的大小和纳税金额的多少来反映其获利能力。一般情况下,企业的现金流量与企业的获利能力存在正向关系,现金流量的增多对提高企业自身效益、提升企业员工收入、增加纳税金额等方面发挥更加积极的作用,获利能力高、现金流量多,那么企业进行再生产的程度也将高,这对企业承担更多、更大的社会责任也有一定的帮助。技术研发可以反映企业的技术创新能力和程度,企业的创新能力越强,其发展能力越足,社会责任的承担度也越高。基于技术创新,企业可以向社会提供的产品和服务的制造成本更加低廉,产品性能更优良,产品使用安全性更有保障,更加符合环保要求,从而有利于提升人民群众的生活体验。企业的员工数量可以反映上市公司的就业规模,所产生的社会影响。对于我国这样一个人口大国,就业是民生之本。当人民群众有了稳定的工作、稳定的收入,人们的社会归属感和安全感才会油然而生。当人民群众的生活得以保障,人们才更愿意在工作岗位上担当奉献,在实现自身价值的同时为社会、为国家创造财富。

7.5.2 变量和模型

由于企业绩效是一个综合变量,因此本章从盈利能力、偿债能力、获取现金能力、创新能力和社会贡献能力的五个角度出发,分别选取相关变量。具体变量的选取见表7-7。

表7-7 综合绩效变量的选取

绩效维度	变量
盈利能力	X_1:净资产收益率
	X_2:资产净利率
获取现金能力	X_3:营业收入现金比率
	X_4:总资产现金回收率
创新能力	X_5:专利数
	X_6:研发费用
	X_7:技术人员数
偿债能力	X_8:流动比率
	X_9:速动比率
	X_{10}:资产负债率
社会贡献能力	X_{11}:税金及附加增长率
	X_{12}:员工人数增长率

先利用因子分析的方法计算企业的综合绩效 F,然后进行多远回归分析。建立如下模型,对财政补贴与企业绩效的关系进行综合研究。

$$F = \beta_0 + \beta_1 Sub + \beta_2 Nd + \beta_3 Hy + \beta_4 Jzc + \delta \tag{2}$$

自变量财政补贴 Sub,与前文一致。

控制变量,此处选择年度 Nd、行业 Hy、每股净资产 Jzc,分别作为企业层面和产业层面的控制变量。

为了保证研究的一致性和准确性,选取了同上一部分相同的样本和数据。数据处理采用了 SPSS22。

7.6 因子分析

7.6.1 对企业绩效指标的描述性统计

本章首先对上市公司的综合绩效进行描述性统计,结果如表 7-8 所示。无论是从标准差,还是最大值和最小值与均值、中位数的比较来看,变量的差异程度都较大。尤其是衡量获取现金能力的指标营业收入现金比率 X_3 和总资产现金回收率 X_4。其次是衡量盈利能力的指标净资产收益率 X_1 和资产净利率 X_2。相比之下,企业创新能力的三个指标的差异程度最小,其次是社会贡献能力的两个指标。

表 7-8 上市公司绩效变量的描述性统计

	均值	中位数	标准差	最小值	最大值
X_1	6.2486	6.6486	20.35458	−153.83	200.00
X_2	4.4125	3.6004	9.67618	−48.79	158.10
X_3	−0.9079	6.9336	357.77297	−8173.23	1538.29
X_4	4.8467	4.4133	17.05921	−290.73	200.01
X_5	1.5351	1.1461	1.37896	0.00	11.56
X_6	0.7214	0.5969	0.63860	0.00	6.13
X_7	1.8643	1.2289	1.99641	0.00	15.44
X_8	2.3127	1.4188	2.92899	0.11	30.64
X_9	1.8260	0.9995	2.58125	0.10	27.67
X_{10}	46.9852	47.3826	21.60157	3.41	150.08
X_{11}	39.4776	7.2240	189.03763	−2.42	30.86
X_{12}	25.3784	1.5537	93.17492	−1.00	19.76

注:表格内为百分率数字,从而避免数据偏小和小数过多的问题。

7.6.2 相关系数

对以上 12 个变量进行了 Spearman 相关性检验,具体结果如表7-9 所示。虽然大部分变量之间的相关系数不大,但大部分都达到了 10% 的显著性水平。为因子构建铺垫了基础。

表 7-9 企业绩效变量的相关性

		X_1	X_2	X_3	X_4	X_5	X_6	X_7	X_8	X_9	X_{10}	X_{11}	X_{12}
相关系数	X_1	1.000											
	X_2	0.785	1.000										
	X_3	0.117	0.151	1.000									
	X_4	0.350	0.467	0.559	1.000								
	X_5	0.166	0.181	-0.056	0.277	1.000							
	X_6	0.209	0.274	-0.073	0.228	0.870	1.000						
	X_7	0.037	-0.028	-0.074	0.066	0.696	0.713	1.000					
	X_8	0.142	0.344	0.045	0.081	-0.270	-0.153	-0.287	1.000				
	X_9	0.134	0.332	0.059	0.093	-0.275	-0.171	-0.292	0.991	1.000			
	X_{10}	-0.314	-0.518	-0.040	-0.130	0.229	0.090	0.531	-0.670	-0.654	1.000		
	X_{11}	0.116	0.136	-0.001	-0.016	-0.033	-0.011	-0.039	0.130	0.144	-0.144	1.000	
	X_{12}	0.112	0.170	-0.002	-0.003	-0.056	-0.021	-0.089	0.168	0.185	-0.177	0.760	1.000
显著性	X_1												
	X_2	0.000											
	X_3	0.003	0.000										
	X_4	0.000	0.000	0.000									
	X_5	0.000	0.000	0.093	0.000								
	X_6	0.000	0.000	0.043	0.000	0.000							
	X_7	0.194	0.256	0.041	0.059	0.000	0.000						
	X_8	0.000	0.000	0.145	0.028	0.000	0.000	0.000					
	X_9	0.001	0.000	0.083	0.014	0.000	0.000	0.000	0.000				
	X_{10}	0.000	0.000	0.171	0.001	0.000	0.017	0.000	0.000	0.000			
	X_{11}	0.003	0.001	0.490	0.350	0.219	0.394	0.178	0.001	0.000	0.000		
	X_{12}	0.004	0.000	0.478	0.469	0.094	0.314	0.018	0.000	0.000	0.000	0.000	

7.6.3　KMO 测度和 Bartlett's 球形检验

在此基础上 KMO 测度和 Bartlett's 球形检验,具体结果如表 7-10 所示。KMO 是 Kaiser-Meyer-Olkin 的取样适当性量数,KMO 值越大,表明变量间的共同因素越多,越适合进行因子分析。根据统计学家 Kaiser 的标准,当 KMO 小于 0.5 时,不适合进行因子分析。从表 7-10 可知,KMO 为 0.638,大于最低标准 0.5,可以进行因子分析。此外, Bartlett's 球形检验的值为 6011(自由度为 66)达到显著水平,P<0.001,代表母群体的相关矩阵间有共同因素存在,适合进行因子分析。

表 7-10　企业绩效变量的 KMO and Bartlett 检验

Kaiser-Meyer-Olkin Measure of Sampling Adequacy		0.638
Bartlett's Test of Sphericity	Approx. Chi-Square	6011
	Df	66
	Sig.	0.000

7.6.4　因子选取与合成

表 7-11 列示了因子累积贡献率和因子个数选择情况,按照特征值大于 1 的标准进行因子选取,总共得到 5 个因子,累计解释能力为 87.159%,满足因子个数对累积贡献率的要求,可以选择 5 个因子。

表 7-11　主成分特征值及贡献率

Component	Initial Eigenvalues			Extraction Sums of Squared Loadings			Rotation Sums of Squared Loadings		
	Total	% of Variance	Cumulative %	Total	% of Variance	Cumulative %	Total	% of Variance	Cumulative %
1	3.527	29.394	29.394	3.527	29.394	29.394	2.618	21.820	21.820
2	2.843	23.688	53.082	2.843	23.688	53.082	2.540	21.164	42.983
3	1.688	14.067	67.149	1.688	14.067	67.149	2.006	16.718	59.701
4	1.400	11.665	78.813	1.400	11.665	78.813	1.768	14.733	74.435
5	1.023	8.523	87.336	1.023	8.523	87.336	1.548	12.901	87.336

续表 7-11

Component	Initial Eigenvalues			Extraction Sums of Squared Loadings			Rotation Sums of Squared Loadings		
	Total	% of Variance	Cumulative %	Total	% of Variance	Cumulative %	Total	% of Variance	Cumulative %
6	0.523	4.361	91.697						
7	0.351	2.929	94.626						
8	0.241	2.006	96.632						
9	0.172	1.436	98.068						
10	0.136	1.134	99.202						
11	0.088	0.730	99.932						
12	0.008	0.068	100.000						

Extraction Method：Principal Component Analysis.

表 7-12 说明了每一个变量的共性方差,从共性方差可以看出,均在 0.5 以上,除了"资产负债率"稍低之外,其余共同度都比较高,说明这 5 个公因子能够较好的反应原始各项指标变量的大部分信息,说明因子分析的效果比较好。

表 7-12　共同性

	起始	提取
X_1	1.000	0.855
X_2	1.000	0.901
X_3	1.000	0.867
X_4	1.000	0.807
X_5	1.000	0.873
X_6	1.000	0.896
X_7	1.000	0.822
X_8	1.000	0.969
X_9	1.000	0.963
X_{10}	1.000	0.768
X_{11}	1.000	0.882
X_{12}	1.000	0.878

Extraction Method：Principal Component Analysis.

碎石图如图7-1所示。结合特征根曲线的拐点及特征值，从图可以看出，前5个主成分的折现坡度较陡，而后面的趋于平缓，该图从侧面说明了取前5个主成分为宜。

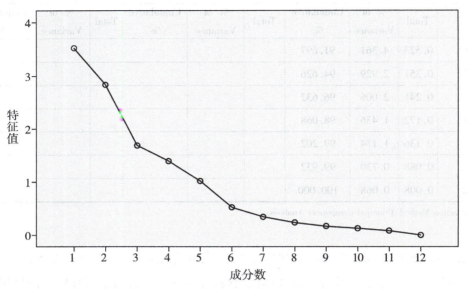

图7-1 企业绩效主成分碎石图

从表7-13旋转前的因子载荷矩阵可以看出，根据0.5原则，各变量在因子荷载量不容易区分，对各因子的解释不明显，因子的意义不明确，需要进行旋转。

表7-13 旋转前的因子载荷矩阵

	Component				
	1	2	3	4	5
X_1	0.335	0.649	−0.088	0.112	−0.549
X_2	0.505	0.714	−0.104	0.022	−0.354
X_3	0.171	0.217	−0.404	0.669	0.424
X_4	0.167	0.611	−0.387	0.447	0.236
X_5	−0.506	0.738	0.100	−0.210	0.132
X_6	−0.401	0.779	0.129	−0.310	0.125
X_7	−0.635	0.526	0.166	−0.221	0.254
X_8	0.831	0.064	−0.030	−0.399	0.338
X_9	0.833	0.057	−0.022	−0.374	0.355
X_{10}	−0.827	−0.144	0.070	0.211	0.113
X_{11}	0.302	0.131	0.813	0.327	0.073
X_{12}	0.350	0.127	0.797	0.316	0.072

Extraction Method：Principal Component Analysis.

a 5 components extracted.

　　为使因子的含义更加明确,本章采用正交旋转的方法进行检验。表7-14 是得到的旋转矩阵。

表7-14　成分转换矩阵

成分	1	2	3	4	5
1	−0.484	0.749	0.357	0.251	0.124
2	0.719	0.089	0.598	0.108	0.325
3	0.173	−0.051	−0.126	0.877	−0.427
4	−0.361	−0.509	0.073	0.383	0.678
5	0.298	0.413	−0.702	0.101	0.487

Extraction Method：Principal Component Analysis.

Rotation Method：Varimax with Kaiser Normalization.

　　经过旋转后,结果如表7-15 所示。

表7-15　旋转后的因子载荷矩阵

	Component				
	1	2	3	4	5
X_1	0.085	0.030	0.913	0.064	0.099
X_2	0.138	0.289	0.871	0.085	0.181
X_3	−0.112	0.003	−0.007	0.011	0.924
X_4	0.201	0.069	0.341	−0.037	0.803
X_5	0.908	−0.157	0.140	−0.027	0.057
X_6	0.926	−0.028	0.196	−0.010	−0.001
X_7	0.870	−0.220	−0.127	−0.016	−0.005
X_8	−0.116	0.972	0.073	0.070	0.031
X_9	−0.125	0.966	0.058	0.088	0.051
X_{10}	0.266	−0.696	−0.455	−0.069	0.019
X_{11}	−0.008	0.060	0.056	0.936	−0.010
X_{12}	−0.033	0.102	0.073	0.928	−0.007

Extraction Method：Principal Component Analysis.

Rotation Method：Varimax with Kaiser Normalization.

a　Rotation converged in 5 iterations.

从表7-15旋转后的因子载荷矩阵可以看出,流动比率、速运比率、资产负债率在因子 f_1 上有较大荷载,主要反映偿债能力,因此, f_1 可以理解为偿债能力因子;专利数、研发费用、技术人员数在因子 f_2 上有较大荷载,主要反映创新能力,因此, f_2 可以理解为获取创新能力因子;净资产收益率、资产净利率在因子 f_3 上有较大荷载,主要反映盈利能力,因此,因子 f_3 可以理解为盈利能力因子;税金及附加增长率、员工人数增长率,主要反映社会贡献能力在因子 f_4 上有较大荷载,因此, f_4 可以理解为社会贡献能力因子。营业收入现金比率、总资产现金回收率在因子 f_5 有较大荷载,主要反映获取现金的能力,因此, f_5 可以理解为获取现金能力因子。

根据旋转前的因子载荷矩阵,我们可以得到以下公式:

$$f_1 = 0.335 x_1 + 0.505 x_2 + 0.171 x_3 + 0.167 x_4 - 0.506 x_5 - 0.401 x_6 - 0.635 x_7 + 0.831 x_8 + 0.833 x_9 - 0.827 x_{10} + 0.302 x_{11} + 0.350 x_{12} \tag{3}$$

$$f_2 = 0.649 x_1 + 0.714 x_2 + 0.217 x_3 + 0.611 x_4 + 0.738 x_5 + 0.779 x_6 + 0.526 x_7 + 0.064 x_8 + 0.057 x_9 - 0.144 x_{10} + 0.131 x_{11} + 0.127 x_{12} \tag{4}$$

$$f_3 = -0.088 x_1 - 0.104 x_2 - 0.404 x_3 - 0.387 x_4 + 0.100 x_5 + 0.129 x_6 + 0.166 x_7 - 0.030 x_8 - 0.022 x_9 + 0.070 x_{10} + 0.813 x_{11} + 0.797 x_{12} \tag{5}$$

$$f_4 = 0.112 x_1 + 0.022 x_2 + 0.669 x_3 + 0.447 x_4 - 0.210 x_5 - 0.310 x_6 - 0.221 x_7 - 0.399 x_8 - 0.374 x_9 + 0.211 x_{10} + 0.327 x_{11} + 0.316 x_{12} \tag{6}$$

$$f_5 = -0.549 x_1 - 0.354 x_2 + 0.424 x_3 + 0.236 x_4 + 0.132 x_5 + 0.125 x_6 + 0.254 x_7 + 0.338 x_8 + 0.355 x_9 + 0.113 x_{10} + 0.073 x_{11} + 0.072 x_{12} \tag{7}$$

令企业业绩的综合得分为 F,因子 i 得分为 f_i,因子 i 的方差贡献率为 μ_i,则利用下面公式,得到上市公司的综合绩效。

$$F = \sum_{i-1}^{5} \mu_i f_i = 0.29394 f_1 + 0.23688 f_2 + 0.14067 f_3 + 0.11665 f_4 + 0.08523 f_5 \tag{8}$$

7.6.5 综合绩效的描述性统计

根据因子计算得到的综合得分,对上市公司的综合绩效进行描述性统计,结果如表7-16所示。从全部样本的均值看,综合绩效最高点出现在2013年;之后,各年度综合绩效总体上呈现下降趋势,综合绩效在2017年达到最低点,之后呈逐年增长趋势。

表7-16 企业综合绩效的描述性统计

	均值	中位数	标准差	最小值	最大值
2013 年	0.1547	0.0105	0.4961	−0.4482	2.5014
2014 年	0.1150	−0.0447	0.4965	−0.5252	2.2761
2015 年	−0.0099	−0.1311	0.3630	−0.5178	1.4029
2016 年	−0.0537	−0.1067	0.3037	−0.4862	1.0339
2017 年	−0.0945	−0.1831	0.3112	−0.4996	1.2130
2018 年	−0.0745	−0.1525	0.3745	−0.6203	1.2495
2019 年	−0.0418	−0.1029	0.3819	−0.62	2.04
2013—2019 年	0.0000	−0.1061	0.4280	−1.04	2.69

7.6.6 综合绩效的年度 T 检验和 Z 检验

在描述性统计的基础上,为确定综合绩效所呈现的波动中的下降趋势,本章对上市公司不同年度的经营业绩情况进行了 T 检验和 Z 检验,结果如表7-17 所示。除了 2015 年与 2014 年的综合绩效 T 检验、Z 检验达到1% 显著水平,以及 2015 年与 2016 年的综合绩效 Z 检验达到10% 的显著性水平之外,各年的综合绩效并没有显著性差异。进一步把 2015 年与 2019 年进行比较,也没有显著性差异。这表示综合绩效在 2013 年到 2019 年之间,除 2015 年有所波动之外,其他各年基本保持稳定。

表7-17 上市公司的综合绩效单变量检验

	T 检验		Z 检验	
	T	P 值	Z	P 值
2013 年与 2014 年	0.361	0.720	−1.447	0.148
2014 年与 2015 年	4.343	0.000	−3.881	0.000
2015 年与 2016 年	1.093	0.278	−1.792	0.073
2016 年与 2017 年	0.949	0.346	−1.017	0.309
2017 年与 2018 年	−0.239	0.812	−0.435	0.664
2018 年与 2019 年	−0.759	0.451	−1.329	0.184
2015 年与 2019 年	0.637	0.527	−1.363	0.173

7.7 回归分析

7.7.1 相关系数

为了综合分析上市公司综合绩效与财政补贴之间的关系,本章对模型进行多元回归分析。为了避免变量之间可能出现的多重共线性,本章在回归分析之前先对变量进行了 Pearson 相关系数检验,具体结果如表7-18 所示。

表7-18 变量的 Pearson 相关性分析

		F	Nd	Hy	Jzc	Sub
相关系数	F	1.000				
	Nd	−0.130	1.000			
	Hy	−0.030	0.019	1.000		
	Jzc	0.308	0.080	−0.025	1.000	
	Sub	0.109	0.067	0.174	0.078	1.000
显著性	F	0				
	Nd	0.001	0			
	Hy	0.241	0.327	0		
	Jzc	0.000	0.030	0.280	0	
	Sub	0.005	0.058	0.000	0.033	0

从表7-18 可以看出,综合绩效与财政补贴的相关系数为0.109,在1%水平显著为正,初步判断了二者之间的正向关系。其他变量之间的相关系数均小于0.4,说明不存在严重的多重共线性问题,可以进行回归分析。

7.7.2 回归分析

多元回归分析的结果如表7-19 所示。拟合优度 R 平方的值超过12.3%,似乎不够高;然而对于微观计量经济学结构模型,在模型设定正确的情况下,不必看重拟合度,关键是模型总体是否成立,变量是否显著。F 检验可以通过,线性回归模型显著,拟合的模型有统计意义。很明显,模型总体成立。

表7-19 多元回归模型拟合优度

模型	R	R2	调整后 R2	标准偏斜度误差	F 值	显著性	Durbin-Watson
1	0.360[a]	0.129	0.123	0.40079	20.472	0.000	1.924

a. 预测值:(常数)、Sub、Nd、Jzc、Hy

进一步对各自变量进行检验,如表7-20,发现除了行业,财政补贴、每股净资产、年度均达到5%的显著性。也显示出,VIF均小于2,均表明模型不存在多重共线性问题。DW接近2,表明不存在自相关问题。

表7-20 自变量系数[a]

模型	非标准化系数		标准化系数	T	显著性	相关			共线性统计	
	B	标准错误	Beta			零阶	部分	部分	允差	VIF
常数	50.683	12.632		4.012	0.000					
Nd	−0.025	0.006	−0.161	−4.026	0.000	−0.130	−0.169	−0.160	0.990	1.010
Hy	−0.008	0.009	−0.037	−0.911	0.363	−0.030	−0.039	−0.036	0.968	1.033
Jzc	0.049	0.006	0.312	7.801	0.000	0.308	0.315	0.310	0.987	1.013
Sub	0.095	0.038	0.102	2.517	0.012	0.109	0.107	0.100	0.960	1.042

a. 因变量\:F

总之,关于财政补贴对综合绩效的影响,模型中 Sub 变量回归系数为 0.102,符号为正且达到5%的显著性水平,说明财政补贴对企业绩效具有显著的正面影响,也就是说随着财政补贴水平的增加,综合绩效随之提升。

7.8 稳健性检验

从理论上讲,财政补贴与企业绩效相互影响,可能存在着互为因果关系,尽管已经将变量滞后一期进行回归。在这种情况下,单纯的回归分析已经不能满足需要,需要进行稳定性检验。首先,本章随机抽取了原样本10%的子样本作为稳健性检验的研究样本,以避免受原样本分布的影响;其次,采取了2SLS和二元 Logistic 两种方法进行检验。

7.8.1 两阶段最小二乘法

两阶段最小二乘法 2SLS 可以较好地解决这个问题：它首先确定和因变量有双向关系的自变量（工具变量）；然后根据预分析结果，找出可以预测该自变量取值的线性回归方程；最后用该自变量的预测值代替原变量值进行分析。由于预测值是根据那些和应变量无双向关系得变量计算出来的，可以认为它与应变量的关系也是单向的，从而解决了双向作用问题。

本章引入了公司治理中的 CR_5 指数和实际控制人类别 Kzr 作为工具变量。因为这两个指标与企业绩效无直接关系，而与财政补贴有一定关联，比如，现有理论认为国有控股企业往往容易获得更多的政府补助资源，而前文也发现大企业的财政补贴效果更好。因此在第一阶段，求出财政补贴的估计值。线性回归方程如下：

$$Sub \text{ 估计值} = \beta0 + \beta1 Nd + \beta2 Hy + \beta3 Jzc + \beta4 CR5 + \beta5 Kzr + \delta \tag{9}$$

在第二阶段，拟合如下方程：

$$F = \beta0 + \beta1 Sub \text{ 估计值} + \beta2 Nd + \beta3 Hy + \beta4 Jzc + \delta \tag{10}$$

由于 Sub 估计值是根据与 F 无关的变量计算出来的，从而符合 2SLS 的要求。

从两阶段的回归模型的结果表 7-21 看，R 平方及调整后 R 平方均在 0.130，表明与多元回归模型接近，表明 F 与 Sub 的关系比较稳定。

表 7-21　2SLS 拟合优度

统计量数值	
复相关系数 R	0.369
R 平方	0.136
调整后 R 平方	0.130
标准偏斜度误差	0.402

表 7-22 表明 ANOVA 表明拟合的模型具有显著性，具有统计学意义。

表 7-22　ANOVA 分析

	平方和	df	平均值平方	F	显著性
回归	13.991	4	3.498	21.688	0.000
残差	88.862	551	0.161		
总计	102.853	555			

表 7-23 中财政补贴的回归系数为 0.151,5% 水平上显著,此关系表明财政补贴与企业绩效之间具有正相关关系,具有显著性。因此,财政补贴水平对企业绩效具有显著的正面影响,也就是说随着财政补贴的增加,企业绩效随之提升。

表 7-23　系数关系

	非标准化系数		Beta	T	显著性
	B	标准错误			
(常数)	51.785	12.666		4.089	0.000
Sub	0.151	0.044	0.162	3.392	0.001
Nd	−0.026	0.006	−0.164	−4.102	0.000
Jzc	0.048	0.006	0.307	7.659	0.000
Hy	−0.011	0.009	−0.047	−1.163	0.245

7.8.2　二元 Logistic 回归

本章将代表因子变量按照是否大于该变量的均值分为两部分,若因子变量大于均值则取值为 1,否则为 0,然后建立以下模型,利用二元 Logistic 回归的方法进行检验。

$$\ln \frac{P(X)}{1 - P(X)} = \beta_0 + \beta_1 G + \beta_2 Nd + \beta_3 Hy + \beta_4 Jzc + \delta \quad (11)$$

表 7-24 输出的是在模型未引入自变量时常数项的估计值,对总体回归系数是否为零进行检验。具有统计学意义。总样本的预测正确率为 63.1%。

表 7-24　分类表[a,b]

观察值		预测值		
		$\ln \dfrac{P(X)}{1 - P(X)}$		正确百分比
		0	1	
$\ln \dfrac{P(X)}{1 - P(X)}$	0	351	0	100.0
	1	205	0	0.0
整体百分比				63.1

a. 常数包含在模型中。

b. 分割值为.500

表 7-25 给出了模型的参数。Wald 检验具有显著性。

表 7-25 方程式中的变量 Wald 检验

	B	S.E.	Wald	df	显著性	Exp(B)
常数	−0.538	0.088	37.427	1	0.000	0.584

表 7-26 为单变量分析的结果,反映了当前未引入模型的变量的比分检验结果。Sub 与企业绩效之间有统计学意义。就全局而言,模型的全局性检验有统计学意义。

表 7-26 未在方程式中的变数

		分数	df	显著性
变量	Sub	3.997	1	0.046
	Nd	9.353	1	0.002
	Jzc	2.163	1	0.141
	Hy	10.181	1	0.001
整体统计资料		27.335	4	0.000

表 7-27 是模型系数的全局性检验结果。自变量进入模型的方法是输入法。三种检验的结果相同,说明至少有一个自变量具有统计学意义。

表 7-27 模型系数的 Omnibus 测试

	卡方	df	显著性
步骤	323.867	58	0.000
区块	323.867	58	0.000
模型	323.867	58	0.000

表 7-28 表明 H-L 检验表明拟合优度具有显著性。

表 7-28 Hosmer 与 Lemeshow 测试

卡方	df	显著性
44.548	8	0.000

表 7-29 反映出,在 5% 显著水平,财政补贴水平对企业绩效有正面影响,具备显著性。也就是说随着财政补贴水平的增加,企业绩效随之提升。

表7-29 方程式中的变数

	B	S. E.	Wald	df	显著性	Exp(B)	95% EXP(B)之置信区间	
							下限	上限
Sub	0.450	0.203	4.915	1	0.027	0.637	0.428	0.949
Nd	−0.090	0.033	7.395	1	0.007	0.914	0.857	0.975
Jzc	0.069	0.036	3.772	1	0.052	0.933	0.870	1.001
Hy	−0.177	0.053	10.958	1	0.001	1.194	1.075	1.326
常数	180.224	66.552	7.333	1	0.007	1.863E+78		

7.9　小结

7.9.1　研究结论

本章将企业绩效视为一个多维变量,从盈利能力、获取现金能力、创新能力、偿债能力和社会责任能力五个方面进行综合测量。通过因子分析方法建立了企业绩效计量模型,并利用该模型对上市公司的财政补贴进行回归分析。实证检验发现财政补贴水平对企业绩效具有显著的正面影响,以及中部崛起政策的施政效果,也就是说随着财政补贴水平的增加,企业绩效随之提升,以及中部崛起政策显著促进了财政补贴政策的实施效果。在此基础上,采取随机抽样和利用二阶段最小二乘法、Logistic 回归检验上述结论的稳健性,结果显示研究结论可靠。

也就正是因为企业绩效的内容的丰富性,未来可以在以下方面继续展开更多研究。

(1)企业绩效的内涵非常丰富,随着经济的发展,时代的变迁而反映企业经营活动的不同方面。本章从经济效益、创新能力、社会责任等方面对企业绩效的测量是否能够十分准确地反映企业绩效,是否有其他更为准确有效的测量方法,这都有待将来研究的进一步检验。

(2)实证研究结论与样本量、研究方法、指标选取等因素有关,不同的研究样本、方法或指标会不会导致相异的研究结论,未来有待积累更多样本数据。

(3)受样本数据可得的限制,财政补贴与单一经济指标、综合指标和河南省专题研究中的样本量并不完全一样,这或许能够增强数据全面性,从而形成前后呼应,以弥补不同研究的不足,但也造成了研究之间的不一致,其研究效果如何,或许有待研究发现。

7.9.2　研究展望

中部崛起对于全国经济发展和区域均衡发展具有更重要的意义。"中部崛起"政策实施十余年来,中国崛起的大环境给中部崛起提供了坚实的背景和良好环境。中部地区面临着一个开放的、竞争性更强的国际环境,同时也面临着一个进入初步小康的国内环境。中部处于中国区域协调发展的中间。中部六省各自具有得天独厚的资源优势,资源导向型产业结构逐步形成。资源型企业利税贡献多,同时解决了大量人口的就业问题,资源型企业的持续经营为地方政府维持稳定的社会经济关系做出了重大贡献。中部崛起属于规划导向战略,虽然缺乏硬性要求,但国家实施这一战略向中部地区释放出了强烈信号——鼓励发展地方经济。因此,地方政府需要出台长期性的政策扶持措施,以推动企业健康发展。

当前我国经济进入新常态,中部崛起也进入了新的阶段。国家实施中部崛起战略以来,中部各地区社会及经济发展进入了快车道,经济开放力度迅速增强,产业结构得到不断优化,经济总量在全国占比稳步提升。在国际国内双循环的新形势下,中部地区要以更大的力度、更大的气魄,进一步解放思想,加速打造各具特色优势的改革开放高地。在财政补贴政策的加持下,中部地区应把调结构、转方式放在更为突出的位置,促进城镇化、信息化、新型工业化及农业现代化的同步发展,积极培育开放型经济新的竞争优势。尤其是作为全国先进制造业中心和新型城镇化的主战场,中部地区除积极响应国家政策外,还必须因地制宜加强自身的改革。

当前,新一轮产业变革与科技革命势头正盛,万众创新、大众创业方兴未艾。中部地区应立足于已有产业、资源和人才的优势,发展适合的新经济。新经济发展必须立足并服务于现有经济结构的调整升级,不能为了新而新。各省及省内新经济发展应注重与周边地区协同发展,形成以市场机制为纽带、项目及服务为载体的优势互补、错位发展、互利共赢的战略格局。在发展方式上,除大力引进、扶植和发展新产业外,应将更多精力放在促进传统经济与新经济的融合方面,以传统经济为基础,加快孵化出新业态、新产品、新技术,最终促使新经济业态在中部地区蓬勃发展。

参考文献

[1]汪锋,姚树洁,曲光俊.反腐促进经济可持续稳定增长的理论机制[J].经济研究,
　　2018,53(01):65-80.

[2]范子英,王倩.转移支付的公共池效应、补贴与僵尸企业[J].世界经济,2019,42(07):120-144.

[3]MOHNEN C. B.. Are Firms That Receive R&D Subsidies More Innovative? [J]. The Canadian Journal of Economics Revue canadienne Economique,2009,42(1):206-225.

[4]Arqué-Castells P. Persistence in R&D Performance and its Implications for the Granting of Subsidies[J]. Review of Industrial Organization,2013,43(3):193-220.

[5]AUGUSTO CERQUA, GUIDO PELLEGRINI. Do subsidies to private capital boost firms' growth? A multiple regression discontinuity design approach[J]. Journal of Public Economics,2014,109(Jan.):114-126.

[6]LE T., JAFFE A. B.. The impact of R&D subsidy on innovation:evidence from New Zealand firms[J]. Economics of Innovation & New Technology,2017,26(5-6):1-24.

[7]张振华.我国半导体显示产业财政补贴效应及研发效率研究[J].工业技术经济,2020,39(02):151-160.

[8]孔东民,李天赏.政府补贴是否提升了公司绩效与社会责任?[J].证券市场导报,2014(06):26-31+62.

[9]李传宪,刘晓雨.政府补贴与民营企业成长性关系研究[J].会计之友,2016(10):94-97.

[10]刘新民,宋红汝,范柳.政府补助、企业创新对投资者投资决策的信号传递效应[J].科技进步与对策,2020,37(02):26-33.

[11]江新峰,张敦力.企业寻租与政府补助利用效率:来自企业投资活动的经验证据[J].投资研究,2017,36(03):4-18.

[12]余明桂,范蕊,钟慧洁.中国产业政策与企业技术创新[J].中国工业经济,2016(12):5-22.

[13]彭红星,毛新述.政府创新补贴、公司高管背景与研发投入:来自我国高科技行业的经验证据[J].财贸经济,2017,38(03):147-161.

[14]雷根强,郭玥.高新技术企业被认定后企业创新能力提升了吗?:来自中国上市公司的经验证据[J].财政研究,2018(09):32-47.

[15]郭玥.政府创新补助的信号传递机制与企业创新[J].中国工业经济,2018(09):98-116.

[16]MAMUNEAS., THEOFANIS P., ISHAQ NADIRI, M.. "Public R&D policies and cost behavior of the US manufacturing industries," Journal of Public Economics, Elsevier, 1996,63(1):57-81.

[17] GIRMA,H. GORG,STROBL S. E.. The effects of government grants on plant survival:a micro-econometric analysis[J]. International Journal of Industrial Organization,2007,25 (4):701-720.

[18] AGHION P., CAI J., DEWATRIPONT M., et al. Industrial Policy and Competition. American Economic Journal:Macroeconomics,2015(7):1-32.

[19] 魏志华,赵悦如,吴育辉. 财政补贴:"馅饼"还是"陷阱"?:基于融资约束 VS. 过度投资视角的实证研究[J]. 财政研究,2015(12):18-29.

[20] 安同良,周绍东,皮建才. R&D 补贴对中国企业自主创新的激励效应[J]. 经济研究,2009,44(10):87-98+120.

[21] 毛其淋,许家云. 政府补贴对企业新产品创新的影响:基于补贴强度"适度区间"的视角[J]. 中国工业经济,2015(06):94-107.

[22] 杨国超,刘静,廉鹏,芮萌. 减税激励、研发操纵与研发绩效[J]. 经济研究,2017,52(08):110-124.

[23] 黎文靖,郑曼妮. 实质性创新还是策略性创新?:宏观产业政策对微观企业创新的影响[J]. 经济研究,2016,51(04):60-73.

[24] 于赛渊. 财政补贴对企业社会经济效益影响的实证[J]. 统计与决策,2017(20):181-184.

[25] 南海燕. 河南农业环保补贴政策略析[J]. 河南工业大学学报(社会科学版),2013,9(02):22-24+31.

[26] 赵晓东. 河南林下经济发展的对策探讨[J]. 林业实用技术,2014(09):103-106.

[27] 罗先云. WTO 农业协定背景下河南农业政策的选择与考量因素分析[J]. 河南工业大学学报(社会科学版),2015,11(03):1-5.

[28] 文小才. 河南公共医疗卫生发展的财政政策研究[J]. 河南财政税务高等专科学校学报,2015,29(06):1-5.

[29] 孙光奇,李建宇,骆阳. 大国农业靠大户财政政策扶大户:财政支持粮食生产可持续发展调研报告[J]. 中国财政,2016(20):34-36.

[30] 黄鑫. 新能源汽车骗补企业被重罚[J]. 节能,2016,35(12):34.

[31] 冯悦威. 能源产业的财政补贴罗生门[J]. 能源,2017(06):85-88.

[32] 李勇斌. 我国农业保险财政补贴充分区域差异化研究:基于灰色聚类评估模型[J]. 新疆农垦经济,2018(07):22-27+85.

[33] 吕新业,胡向东. 农业补贴、非农就业与粮食生产:基于黑龙江、吉林、河南和山东四省的调研数据[J]. 农业经济问题,2017,38(09):85-91.

[34] 张新成. 河南涉农上市公司地方政府补助问题探究 [J]. 中国乡镇企业会计, 2016 (06): 147-148.

8 财税补贴政策促进河南民营企业高质量发展研究

在全面建成小康社会、实现社会经济高质量发展、增进人民福祉方面,民营企业起着重要的支撑作用。2020 年 5 月份公布的《关于新时代加快完善社会主义市场经济体制的意见》承延十九大报告以来的系列大政方针,特别强调了"营造支持非公有制经济高质量发展的制度环境"和"增强微观主体活力"。对民营企业来说,良好的制度环境是增强企业活力的重要前提条件。财政被赋予"国家治理的基础和重要支柱"的特殊定位,财税补贴政策作为一项正式制度安排,在体现国家治理意图和价值指向方面非常具有代表性。那么,财税补贴与民营企业发展之间关系是怎样的呢? 尤其财税补贴效果兼有正面和负面双重影响的争论始终存在,所以该问题的研究对于我国市场经济体制改革和民营企业发展都具有重要的理论和现实意义。

前述内容探讨了中部地区的财政补贴对企业绩效的影响,接下来专题研究河南省的情况。本章结合政策研究热点,以民营经济为例,探讨对财政补贴与民营企业绩效的关系,以及将民营企业对当地社会经济的影响一并考虑在内,综合测度财政补贴政策的实施效果。

自 1978 年开启的改革开放至今已走过 40 多年的风雨历程,河南省民营企业由弱变强,由小变大,已逐渐成为全省经济发展的重要力量,在自主创新、新增就业、经济发展、社会进步、科技研发等方面发挥着越来越大的影响。为此,本部分以习近平总书记于 2018 年 11 月在民营企业座谈会上的重要讲话精神为指引,探讨财税补贴政策促进河南民营企业高质量发展状况。

研究进程按照提出问题、分析问题、解决问题的逻辑展开。一是,在文献综述的基础上,寻找本章的研究机会,提出研究问题和研究设计。然后在国家政策的论述资料中理清共享和高质量发展的概念内涵,结合现有文献,落实到能够具体测量的操作层面,以社会福利水平表征人民"获得感"的客观方面。二是,利用社会发展统计数据和河南民营上市公司的年报数据,描述了 2013—2018 年的财税补贴、河南民营企业经营和社会福利状况,检验了三者之间的关系,得出研究结论。

在收集数据、整理测量指标时,进行了比较细致的信息分类。把财税补贴分为 3 类 3 个指标:税费返还、收益性补贴、资产性补贴,前者也称为间接补助,后两者属于直接补助;把民营企业的经营状况指标归纳为 7 类:资产、筹资、投资、营业收益、纳税、研发创新、人员,包括 23 个指标;把社会福利状况分为 9 个方面:收入、消费、健康、环保、社保、居住、就业、教育、文化,包括 37 个指标。

在分析数据时,依次从财税补贴、河南民营企业的经营状况、河南社会福利状况三个部分顺序进行。其一,采用描述性统计方法列示每一部分的分类和指标在 2013—2018 年的基本信息;其二,采用相关性检验方法,测度财税补贴与河南民营企业经营指标之间的关系、河南民营企业经营指标与河南社会福利指标之间的关系,从而得到各具体指标之间的相关情况。在此具体分析的基础上,构造了反映民营企业社会经济贡献值的综合指标和社会福利综合水平的指标,与财税补贴指标建立起反映三者之间总体关系的因果路径模型,利用结构方程方法测度总体关系的关联情况。

从财税补贴与河南民营上市公司经营状况的关系看,资产、筹资、投资、营业收益、纳税、研发创新、人员方面的绝大多数指标与税费返还、资产性补助之间呈现出显著正相关关系,而与收益性补助之间呈现出显著负相关,或统计意义不显著的相关性,如筹资、研发费用。

从河南民营上市公司经营状况与社会福利水平的关系看,企业指标与居民日常生活直接相关的福利指标或环境指标呈现出显著的正相关关系;与居民日常生活非直接相关的宏观指标在统计意义上不相关,如城市商品零售价格指数、GDP、政府消费、城镇登记失业率等,或负相关,如地方财政医疗卫生支出在公共财政支出的占比、地方政府教育支出在公共财政支出的占比、地方财政社会保障和就业支出在公共财政支出的占比。

从三者的总体关系看,间接补助税费返还对河南民营企业的社会经济贡献值有正向的显著影响,而直接财政补助对河南民营企业的社会经济贡献值有负向的显著影响,这两项结果分别验证了文献综述中财税补贴具有正面效应和负面效应的两种观点。说明政府应当加强对间接财税补贴的投入,适度控制收益性财税补贴的规模或改善补贴措施、加强监管力度。

从三者的总体关系看,河南民营企业的经营活动有助于促进社会福利水平的提升,财税补贴发挥了积极的政策效果。但是河南民营企业对社会福利水平的影响力偏小,说明河南民营企业的社会经济贡献的规模还不够大,这或与民营企业的整体规模比较小有关,那么,未来加强对民营企业的扶持力度,积极推动民营企业上市,扩大民营企业的社会影响程度,应当成为未来政策的重要方面。

对于三者之间关系的检验,无论是两两之间关系的相关性模型还是三者之间总体关系的路径分析,都得到了相同的结论。由于相关性检验和路径分析采用的方法和指标并不一样,所以,路径分析可以看作对前述检验的稳健性检验,增强了研究结论的说服力。财税补贴有助于河南民营企业发展,河南民营企业产生了积极的社会经济贡献,增进了以社会福利为表征的客观获得,实现了共享发展和高质量发展。

本章可能的贡献和创新在于两个方面。一是立足省情,将国家新发展理念与财税补贴、民营企业经营相结合,提供了该视角下的河南省调研成果。二是采用结构方程方法对财税补贴、民营企业经营和社会福利的总体关系进行路径分析,验证了三者之间的因果路径关系,实现了方法创新。

8.1 问题提出

习近平总书记于2018年11月在民营企业座谈会上的重要讲话科学回答了新时代怎样发展壮大民营经济问题,也指明了民营经济发展的方向和出路,那就是必须准确把握"两个毫不动摇"的重大方针,必须坚定不移引导民营企业走高质量发展之路,必须集思广益,齐心协力,共同支持民营企业健康发展[①]。高质量发展是体现新发展理念的发展。其中,"共享"倍受社会关注。十八届五中全会将"共享"融入其他四大发展理念,首次进行了全面系统的阐述,提出以"坚持共享发展,必须坚持发展为了人民、发展依靠人民、发展成果由人民共享,做出更有效的制度安排……"为核心思想的共享发展理念,明确了我国以人民为中心的发展价值取向,揭示了经济社会发展的出发点和落脚点。

可见,新形势下如何在民营企业经营发展中强化政策抓落实、切实增强获得感成为当前研究的热点和重点问题。财政被赋予"国家治理的基础和重要支柱"的特殊定位,财税补贴政策在体现国家治理意图和价值指向方面非常具有代表性。国家对民营企业的扶持力度越来越大,扶持政策和手段也越来越多。然而,理论界和实务界普遍认为补贴兼有正面和负面双重效果。财税补贴政策效果到底如何,究竟能在多大程度上对民营企业的经济效益产生影响,才能对民营企业与社会的高质量发展起到怎样的助推作用,切实贯彻落实"共享"发展理念,着实是财税补贴理论运用与政策实践的研究重点。

---

① 习近平. 在民营企业座谈会上的讲话. [EB/OL]. (2018-11-01)[2020-01-05] http://www. xinhuanet. com/politics/leaders/2018-11/01/c_1123649488. htm

那么,如何发挥财税补贴政策效果,助推民营企业高质量发展,践行"共享"理念呢?所谓"共享",强调的是增进人民福祉,增强人民"获得感",解决社会公平正义问题①。习近平总书记用"蛋糕"打比喻②,指出:"蛋糕"不断做大,同时还要把"蛋糕"分好。换句话说,就是社会收入分配制度安排公平与合理(郭正模,2018),把经济发展成果更多地体现在改善民生上③。企业作为现代市场经济体制下的直接创造社会财富的基本组织单元,是整个社会收入分配的基础。企业层面的收入分配属于初次分配范畴,其制度安排是否科学与合理、符合共享发展理念,对于社会收入二次分配的公平实现具有重要作用,影响着共享发展,影响着人民群众获得感的实现。

获得感是一个组合词,"获得"侧重于客观层面的收获,而"感"则侧重于主观层面的感受和触动,二者具有递进关系(黄冬霞、吴满意,2017)。当前,共享发展、人民"获得感"存在不平衡、不充分的问题,民营企业在新时期普遍面临着三期叠加带来的机遇和挑战,而现有研究多为对获得感的概念解释和探讨,定量研究偏少,对主观获得的研究偏多,对客观获得的研究偏少,且鲜有将获得感与民营企业状况结合起来的。本章从共享理念、高质量发展和人民"获得感"的解析着手,展示财税补贴、民营企业经营和客观获得的现实状况,分析财税补贴对民营企业的影响、客观获得与民营企业的关联性,以及三者之间的综合关系,以期实现财税补贴、民营企业经营与客观获得的关联效应、协同发展。

8.2　理论基础

通过 CNKI、Baidu 等检索发现目前关于财税政策促进河南民营企业高质量发展的信息很多,网络信息以政策发布和工作经验宣传为主,在 CNKI 中还有少量的理论研究;但是,以实践为基础、深入民营企业内部的少,整合现实共性问题、总结提炼得少,及时结合政策热点、对策指向具有足够高度得少,反映新形势下河南民营企业高质量发展的少,显示出河南省在该方面急需增加研究产出。

本书立足河南省情况进行研究,把现有相关文献集中分成两个方面:一是财税补贴

---

① 李贞.共享发展增强获得感.[EB/OL].(2017-09-18)[2020-01-05]http://ex.cssn.cn/ddzg/ddzg_ldjs/ddzg_sh/201709/t20170918_3643228.shtml

② 习近平.切实把思想统一到党的十八届三中全会精神上来[EB/OL].(2014-01-01)[2020-01-25]http://www.qstheory.cn/zxdk/2014/201401/201312/t20131230_307508.htm.

③ 邵雅利.共享发展增强人民"获得感".[EB/OL].(2018-01-29)[2020-01-05]http://www.rmlt.com.cn/2018/0129/510145.shtml

与民营企业发展的相关理论或实证研究,二是与河南省有关的研究。与河南省有关研究以问题对策为主、以行业或产业的中观研究为主,非常缺乏以企业为对象的财税补贴政策效果的研究,更显出本书的现实必要性。本书把这两个方面的近期主要文献进行了简要整理,作为后续研究的基础。下面,对这两个方面的研究现状简要列示。

8.2.1 共享发展和人民"获得感"

2015 年 2 月 27 日,习近平总书记在中央全面深化改革领导小组第十次会议上指出,改革要让人民群众有更多"获得感"。十八届五中全会用"共享"发展理念明示了当代中国发展进步的出发点,强调了所有的改革最终都要惠及老百姓的基本目标。十九大报告中明确指出,我国经济已由高速增长阶段转向高质量发展阶段,进一步强调"保证全体人民在共建共享发展中有更多获得感"。高质量发展,不仅仅体现在经济方面,还体现在政治、文化、社会、生态文明等方面,特别是提高人民群众的生活质量方面。"由高速增长阶段转向高质量发展阶段",是满足人民日益增长的美好生活需要的行动指南。[①]

习近平总书记指出,全面小康,覆盖的领域要全面,是五位一体全面进步。要在坚持以经济建设为中心的同时,全面推进经济建设、政治建设、文化建设、社会建设、生态文明建设,促进现代化建设各个环节、各个方面协调发展,不能长的很长、短的很短[②]。换言之,人民"获得感"必将体现在"五位一体"的各个领域,体现在中国特色社会主义建设的各个环节、各个方面。从相关文献来看,学界较为一致地同意人民"获得感"是主观感受与客观获得相结合、物质与精神相结合的多维度主观指标体系,涉及物质利益和经济利益,还包括抽象的政治权利和公正公平等诸多方面。可见,人民"获得感"是一个多维度概念。

8.2.1.1 客观获得和主观获得

"获得"是"感"的基本前提和准备,"感"则是"获得"的结果状态和情感升华(宁文英、吴满意,2018)。因此,获得感的概念本身就暗含了客观获得对主观获得感的作用。这就是说,广大人民群众要基于生活质量的切实提高才能提升心理层面的获得感(张卫伟,2018)。

习近平总书记在中央全面深化改革领导小组第二十一次会议上提出"把是否促进经

---

① 林坚. 以高质量发展提升人民生活品质. [EB/OL]. (2018-02-21)[2020-01-05] http://www.qstheory.cn/2018-02/21/c_1122434172.htm

② 习近平. 在党的十八届五中全会第二次全体会议上的讲话(节选)[EB/OL]. (2015-12-31)[2020-01-25] http://www.qstheory.cn/dukan/qs/2015-12/31/c_1117609500.htm.

济社会发展、是否给人民群众带来实实在在的获得感,作为改革成效的评价标准。"这是在中国经济发展进入新常态、社会发展步入新阶段、改革全面深化呈现新态势的宏观格局下,提出的关于改革成效评价的重要标准。[①] 这表明,国家要求从中央到地方各级政府官员不断调整改革政策来提升民众的"获得感"。应注意,改革政策的推出往往指向的是民众直接得到的是客观"获得",而非主观"获得感"。有的文献认为,从客观获得到主观获得感中间有复杂的社会心理过程,外生的环境(客观获得)虽是造成相关心理反应(主观获得感)的必要条件,但并不是充分条件(吕小康、黄妍,2018)。不同群体在客观获得上的差异与其在主观获得感上的差异可能并不一致(项军,2019)。实际上,无论是获得感的概念内涵、特色,还是其作为改革实践的目标,都蕴含了不言自明的客观获得与主观获得之间紧密的递进关联。尽管客观获得并不等于主观获得,必须承认是客观获得构成了主观获得的前提和基础。

8.2.1.2　客观获得与社会福利

如何测度客观获得呢? 共享发展、增进民生福祉、提升人民"获得感"是发展的根本目的。福祉和福利、社会福利在含义有很多交叠(秦永超,2015)。社会福利是三者中基础层次的概念,它是由国家主导的以提供社会保险和社会救助为最基本内容的现代社会福利制度,是国家顺利运行与人民日常生活保障的社会安全阀。福利是三者中居于中间层次的概念,它是由既包括国家,也包括市场、家庭、社区、社会组织等多元供给主体组成的福利制度。

党的十八大以来,习近平总书记重点强调民生问题在当前中国社会的重要性和紧迫性,比如生态、就业、医疗、教育、贫困、社会保证、社会公正等问题都是广大人民群众关心的问题,要求党的工作要将民生问题放在重要位置,要突出重点、守住底线。在民生建设中,要努力"顺应人民群众对美好生活的向往,坚持以人民为中心的发展思想,以保障和改善民生为重点",从而真正将民生问题的解决落到实处,最终"让改革发展成果惠及更多群众,让人民生活更加幸福美满"。换言之,广大人民关于"美好生活的需要"的发展和丰富决定了获得内容的变化和发展,那么就应该以广大人民需要的变化来审视获得内容的多元化,对接"现在人民群众有收入稳步提升、优质医疗服务、教育公平、住房改善、优美环境和洁净空气等更多层次的需求"。所以,本章将从社会福利水平表征人民"获得感"的客观方面,也就是从人民福祉的基础即居民福利的实际改善来反映人民客观获得的状况。

---

① 吴毅君.改革评价标准"两个是否"对"三个有利于"的新发展.[EB/OL].(2017-06-02)[2020-01-25] http://theory.people.com.cn/n1/2017/0602/c40531-29313850.html

8.2.2 民营企业高质量发展与社会福利

"高质量发展"以宏观经济高质量发展为缘起而提出,但其必然涵盖中微观的产业和企业高质量发展,形成贯穿微观、中观和宏观的高质量发展完整体系。企业是宏观经济发展的微观主体,宏观高质量发展的成功与否的关键正在于企业能否实现企业高质量发展(黄速建等,2018;金培,2018)。民营企业高质量发展是一个具有包容性的概念,由"民营企业""高质量""发展"等概念复合而成,从直观上似乎容易意会其含义,但真正界定与科学把握却并不容易,往往会出现认知上的分歧,无法形成统一的观点。因此,要界定民营企业高质量发展还要回溯到对"发展质量"的理解。所谓民营企业发展质量,就是"民营企业发展的优劣程度"。传统上"优劣程度"界定主要包括企业绩效观、企业竞争力观、企业效率或生产率观三种观点,强调效益最大化的现实价值判断,而最新的企业社会责任观或利益相者方理论则对"优劣程度"评价进行拓展,将企业创造的社会价值和利益相关方价值作为重要评价维度,突出以人为本的终极价值判断(黄速建等,2018)。相比之下,这种观点与十九大报告中明确指出的"保证全体人民在共建共享发展中有更多获得感"的高质量发展的含义更为接近。不仅体现在经济方面,还体现在政治、文化、社会、生态文明等方面,特别是提高人民群众的生活质量方面(任保平等,2018;师博等,2018)。"由高速增长阶段转向高质量发展阶段",是满足人民日益增长的美好生活需要的行动指南(林坚,2018)。基于此,本章把民营企业高质量发展理解为民营企业在一定时期内开展经营活动、追求持续发展的过程中所展现出来的经济价值和社会价值的创造状态或发展范式。

如前所述,企业的经营发展可以从资源基础、经济盈利、创新发展和社会影响四个方面进行综合考察,这四个方面既能表达独立的内容,又与当地经济社会发展有着密切联系。资源基础是衡量企业拥有的资源规模,企业资源的企业往往有着较为庞大的生产能力、税收规模和社会影响,与社会的嵌入程度也比较高。经济盈利是衡量上市公司的收益规模,反映企业运用资源获取经济利益的盈利能力,体现了企业的市场规模、与消费者的广泛关联程度。强大的盈利能力能够为企业带来丰富的现金流量,能够提高企业、员工和纳税的收入水平,有利于企业扩大再生产、吸纳就业,以及增强研发创新和承担更多社会责任等。创新发展表现在专利总数和创新投资,它是衡量上市公司的科技创新规模,反映企业的创新发展能力的重要指标。企业通过科技创新能够提供成本更低、性能更强、安全性更高、环保性更好的产品和服务,从而改善人们的生活感受。纳税规模体现了企业对国家和社会的经济贡献。就业是民生之本,尤其对于我国这样一个人口大国来说,可以通过就业规模来反映企业的社会影响。

从财税补贴的角度看,这四个方面同样受到关注。政府是补贴资金的提供者,对企业的社会和经济贡献程度的考察指标主要是就业、纳税和企业发展。在当前行政体系中,上下级政府之间的决策体系采用层级化的决策方式,上级政府享有政策制定的主导权和决策权,同时对下级政府设计合理的激励机制以调动下级政府的积极性,并成为地方政府政治晋升的主要依据。各地政府在"晋升锦标赛"情境下,必然尽可能利用财税补贴等措施促进本地区经济增长、增加税收、扩大就业等(赵静等,2013;赵璨等,2015)。其中,就业容量是最容易被观测的指标(潘红波等,2019)。只有人们有工作、有稳定的收入来源和生活保障,才能增强社会归属感和安全感。社会才能繁荣稳定,和谐发展。其次,企业税收也易于被监督和考核。税收规模越大,政府为实现其政治目标的可支配资金越多,政绩越好。政府会通过"列收列支"(范子英等,2019)等方式,利用财税补贴来引导上市公司多纳税,从而政府与企业达成共赢,形成"良性循环"(黄翔等,2017)。此外,企业创新和发展也是政府重点关注的。一方面这是持续保障就业容量和税收的源泉,另一方面物美价廉的产品和服务能够提高人们的社会生活质量。

由于高质量发展是在中国传统上依靠要素投入拉动经济的粗放型发展方式难以为继和新时代社会主要矛盾发生转化背景下提出的,广大人民关于"美好生活的需要"的发展和丰富决定了民营企业对社会经济贡献的变化和发展,应以广大人民需要的变化来审视民营企业发展状况,对接"现在人民群众有收入稳步提升、优质医疗服务、教育公平、住房改善、优美环境和洁净空气等更多层次的需求",这与社会福利的测度范畴是基本一致的(杨爱婷等,2012;贺俊等,2018;王祖山,2018)。也就是说,民营企业发展质量应当通过民营企业的社会经济贡献对当地社会福利状况的改善表现出来。从这个意义上看,民营企业也可以被视为财税补贴政策创造社会价值、增进社会福利的媒介。

8.2.3　财税补贴与企业发展

理想状态下,财税补贴作为宏观调控的重要手段,扮演着"扶持之手"的角色,政府给予企业补贴时应有明确的初衷,并附有一定的政策性条件或要求。然而,现实中的参与者申请或审批补贴项目和金额时拥有比较宽泛的自由裁量权,使得财税补贴的政策和机制存在很大程度的个人倾向,导致财税补贴演化为"掠夺之手"。现有文献对财税补贴与企业发展之间的关系形成了截然不同的观点。鉴于国内外学者对财税补贴与企业发展之间关系的结论分由来已久,这种情况可能与各地的经济发展水平、自然地理区位、市场环境、补贴动机或研究样本等有关,也可能相同的政策运用于不同对象的效果不尽相同。

这方面又可细分为:财税补贴与企业研发或创新、寻租或政治关联、与企业经济效益(常见的有财务绩效、融资效果、成长性、投资效率、投资者回报等)、企业社会责任的相关研究。这些研究主题往往交叉在一起,其研究评述也有许多交叠之处,呈现出比较清晰的学术史梳理及研究动态,这为本书提供了借鉴,所以本书不再赘述;其主要观点或结论可以归纳总结为两类:正向效果或负向效果。

正面观点——"扶持之手"源自市场失灵,认为政府补助有利于弥补创新过程中的市场失灵,但政治关联能够不带动企业层面的创新投入或绩效提升。财税补贴等积极干预措施能够给企业的技术改造和升级提供资金,降低企业研发和创新成本以及相应的风险,带动企业层面的创新投入或绩效提升(Liu D,2018;Bongsuk Sung,2019;李晓钟等,2019;彭红星等,2020)。比如,企业获得财税补贴能够向市场传递利好信号(Jin 等,2018),有助于企业获得更多的诸如银行贷款等社会资源,从而提高资源的配置效率。财税补贴能使承担着社会目标的企业更好地履行责任,提高就业,提高社会福利水平,从而实现各种社会目标(曾建光等,2017;Lee 等,2017;Liu Y 等,2019;魏恒等,2020)。因此,各级政府有强烈的动机通过各种补贴刺激本地区社会经济发展,追求社会福利最大化,实现预期政绩。企业受到政策引导后,将更加积极开展技术创新和扩大投资,不断增强核心竞争力,在财税补贴和经营绩效之间起到纽带作用。Bérubé and Mohnen(2009)针对加拿大的研究、Arqué-Castells(2013)针对西班牙制造业公司的研究、Cerqua 等(2014)对意大利企业的研究,以及 Jaffe and Le(2015)针对新西兰企业的研究都支持此观点。国内学者认为财税补贴政策对民营企业的研发投入和实质性创新都有显著激励效果(张振华,2020),有助于经济绩效和社会责任提升(孔东民、李天赏,2014),对企业成长有积极作用(李传宪,2016;刘新民、宋红汝、范柳,2019),但寻租有抑制作用(江新峰,2017)。余明桂(2016)对上市公司及其子公司的专利数据的研究、彭红星(2017)和雷根强(2018)对高新技术企业的研究、郭玥(2018)对沪深 A 股上市公司的研究也提供了这方面的证据。

负面观点——"掠夺之手"认为,财税补贴会增长企业特别是企业的经营惰性,甚至使企业产生依赖,而不注重自身竞争能力的形成,引起资源配置失当,对企业的创新会产生挤出效应(Mamuneas and Nadiri,1996;Gorg and Strobl,2007;Aghion et al. ,2015),不利于企业长远发展。比如,政企之间信息不对称使补贴产生"逆向"引导作用,"寻补贴"投资(毛其淋等,2015;杨国超 2017)和策略性创新(黎文靖和郑曼妮,2016),刺激在职消费(彭红星等,2020),严重削弱财税补贴对企业创新的引导(Liu D,2018),无助于提升企业绩效。国内研究也表明,政企之间的信息不对称会使补助产生"逆向"引导作用,导致过度投资(魏志华等,2015)、"寻补贴"投资(安同良等,2009;毛其淋和许家云,2015;杨国超,2017)和策略性创新(黎文靖和郑曼妮,2016),从而严重削弱政府补助对企业创新的激励效应。财政补贴对于企业经济和社会效益的提升作用不显著(于赛渊,2017),也无助于投资者获得更高的市场回报率(魏志华等,2015)。补贴规模快速上升,"虚增"了财政补贴的规模扩大和效率低下(范子英、王倩,2019)。

8.2.4　与河南有关的研究

通过 CNKI、Baidu 等检索发现目前关于财税政策促进河南民营企业高质量发展的信息很多,网络信息以政策发布和工作经验宣传为主,在 CNKI 中还有少量的理论研究;但是,以实践为基础、深入民营企业内部得少,整合现实共性问题、总结提炼得少,及时结合政策热点、对策指向具有足够高度得少,反映新形势下河南民营企业高质量发展得少,显示出河南省在该方面急需增加研究产出。本章立足河南省情况进行研究,把现有相关文献的研究现状简要列示。

南海燕(2013)研究了河南农业环保补贴政策。赵晓东(2014)河南林下经济发展的财政扶持政策。罗先云(2015)研究了河南农业补贴政策的选择问题。文小才(2015)分析河南公共医疗卫生财政政策的问题和对策。孙光奇等(2016)调研了河南粮食产业财政补贴政策。黄鑫(2016)和冯悦威(2017)等分析了包括河南新能源汽车企业在内的"骗补事件"和补贴政策。李勇斌(2018)分析了农业保险财政补贴在河南等31个省的差异。吕新业(2017)调查了河南等四省的粮食生产补贴。张新成(2016)分析了河南涉农上市公司地方政府补助问题和对策。马慧娟和楚俊智(2021)分析了新密的就业补贴。柴芳芳(2021)以豫鲁浙粤创新数据对河南研发补助政策的对比。

8.2.5　研究切入点

综合前述文献发现,财税补贴与民营企业发展的相关研究取得了丰硕成果。目前把财税补贴、民营企业高质量发展和共享理念结合起来的研究尚不多见;对客观获得的探讨更少,仅少量研究从人口统计学因素探讨了对客观获得的影响(黄艳敏等,2017;项军,2019;王浦劬、季程远,2019),如教育、职业、收入、家庭资产等方面。这是有益的尝试。本章认同前述学者的观点,获得感的研究尚待广泛扩展,尤其是客观获得的研究。这或与不同学者的研究需要有关,或与共享发展、获得感本身就具有丰富的内涵、界定难度大有关。这为本章创造了机会。

财税补贴作为国家宏观经济调控的重要手段,各国均在使用。在"五位一体""四个全面"大背景下,财税补贴政策亦应全面体现国家治理意图和价值指向。下面本章将依据人民"获得感"所涉及的客观方面,依据能够反映河南民营企业发展的指标,利用河南民营企业和河南社会发展的现实数据,沿着研究文献提供的研究逻辑,分别检验财税补贴与河南民营企业经营、河南民营企业经营与人民"获得感"之间的关系,以及三者之间的总体关联,以期实现三者协同发展。

8.3 研究设计

8.3.1 社会福利及测度指标

8.3.1.1 社会福利指标选取的理论依据

传统福利经济学侧重物质财富对社会福利的影响。随着社会生产力的发展与物质财富积累的增加,物质财富对个人福利的影响力日渐下降。基于此,阿玛蒂亚·森提出了可行能力理论。从功能与能力角度衡量社会福利水平,是对传统福利理论的一个突破。这一理论得到了广泛运用,其中最具影响力的是联合国开发计划署(UNDP)据此建立起来的人类发展指数(HDI)。

可行能力理论认为创造福利的并不是财富和商品本身,而是由商品所带来的那些机会和活动,这些机会和活动是建立在个人能力基础上的,因而将福利定义为"个人在生活中实现各种有价值的功能和实际能力组合"。功能性活动是"一个人处于什么样的状态和能够做什么"的集合,是个人现状的真实反映。与"功能"密切相连的是可实现生活内容的"能力"。能力表示"人们能够获得的各种生活内容的不同组合",是实现功能所必须具备的条件和机会。二者之间能够相互转化。其中,社会机会中的教育与健康是人力资本构成的主要部分,随着社会生产率的不断提高,人力资本的重要性日渐凸显。

"如果说已实现的生活内容构成了福利,那么可实现这些生活内容的能力,则构成了实现福利的自由",因此,评价社会福利不仅要考察已经实现的"功能",更要把能够实现潜在功能的"能力"作为重要的评价目标。由于阿玛蒂亚·森认为功能与能力自由涵盖个人生活各方面,且各国经济与社会发展存在差异性,故其并未提出明确的功能与能力指标。目前学术界对福利指标的选择和福利水平的衡量也没有达成共识,在很大程度上取决于我们所关心和需要处理的问题。可见,无论是传统福利经济学还是可行能力理论,物质财富仍是影响社会整体福利水平的重要因素,尽管阿玛蒂亚·森认为物质财富本身并不能创造福利,而是通过这些商品影响个人的生活水平。

8.3.1.2　社会福利指标的选取

根据可行能力福利思想,社会福利的发展体现为社会成员在经济层面和非经济层面上可选择的自由与能力的提升上。结合我国目前阶段的改革目标和民众需求,社会福利主要应体现于广大城镇居民生活质量和生活水平的提高上。本章选择了以收入、消费、就业、教育、健康、环保、社保、居住、文化这九个体现城镇居民基本生活状态的维度作为反映居民社会福利水平的构成指标(表8-1)。

表8-1　居民社会福利指标

一级	二级	三级	
		功能自由	能力自由
经济福利	收入	人均 GDP 人均可支配收入	实际 GDP 增长率 人均可支配收入增长速度/人均 GDP 增长速度
	消费	居民消费水平 城市商品零售价格指数	最终消费支出的 GDP 占比 居民消费支出/政府消费支出
生活福利	健康	城市每万人医疗机构床位数 城市每万人拥有卫生技术人员数	城镇基本医疗保险年末参保人数 地方政府医疗卫生支出占比
	环保	工业二氧化硫排放量 工业烟尘排放量	建成区绿地面积覆盖率 生活垃圾无害处理率 地方财政环保卫生支出/公共财政支出
	社保	城镇职工参加基本养老保险人数 城镇职工参加失业保险人数 城镇职工参加生育保险人数 城镇职工参加工伤保险人数 城市居民最低生活保障人数	地方政府社会保障与就业支出/公共财政支出
	居住	每万人拥有公共交通车辆 城市宽带接入用户(万户)	建成区供水管道密度 城市绿地面积
发展福利	就业	就业人员平均工资	年末城镇登记失业率
	教育	本专科在校生人数占比 高等教育学校专职老师比例	地方政府教育支出/公共财政支出
	文化	电视节目综合人口覆盖率 广播节目综合人口覆盖率	每百人拥有公共图书馆藏书量 艺术表演场馆观众人数 每万人拥有公共图书馆建筑面积

之所以选取这些指标衡量社会福利水平,既兼顾数据可得性,也归因于健康、教育与收入是 HDI 的组成部分,社会保障与就业是居民日常生活的最基本保证,环境污染加剧、收入差距扩大、入学难、房价高等社会问题都影响着个人追求健康与优质生活的自由。

8.3.2 企业经营指标的选取

由前述文献已知,人民"获得感"与日常生活的物质和精神方面都息息相关,需要的客观条件非常现实。企业作为社会生产的基本经济单位,嵌入利益相关者的社会关系网络之中,以提供产品或服务满足社会需要,从而给人民群众的物质生活和精神生活带来多重影响。

由于企业绩效是综合性的指标体系,可以用单一指标测量,也可以用多维度指标测量,来反映企业在经济效益和社会责任方面的表现。本章选择了资产和资金、营业收益和纳税、研发创新、员工这四个常见的上市公司指标代表企业的资源基础、经济盈利能力、创新发展能力和社会影响(表 8-2)。这四个指标之间存在联系,呈现的内容又有所区别。资产和资金总额衡量上市公司拥有的资源规模,反映企业资源基础的丰厚程度。高资产的企业往往有着较为庞大的生产能力、税收规模和社会影响,与社会的嵌入程度也比较高。营业收益和纳税衡量上市公司的创收规模,反映企业运用资源获取经济利益的盈利能力。强大的盈利能力能够为企业带来丰富的现金流量,能够提高企业、员工和纳税的收入水平,有利于企业扩大再生产和承担更多社会责任。研发创新衡量上市公司的科技创新规模,反映企业的创新发展能力。企业通过科技创新能够提供成本更低、性能更强、安全性更高、环保性更好的产品和服务,从而改善人们的生活感受。员工衡量上市公司的就业规模,反映企业的社会影响。就业是民生之本。只有人们有工作、有稳定的收入来源和生活保障,才能增强社会归属感和安全感。劳动者在自己的岗位上发挥聪明才智,享受劳动的喜悦,体验为社会创造财富和价值的成就感。

将上述方面具体化为实际数据支持的测量指标,如表 8-2 所示。这些指标表示企业综合绩效的各个方面,与前文的企业综合绩效的测度与响应。在实证研究将根据研究需要分别选取其中的指标,也展示了所选指标的描述性统计分析,以及这些指标与财税补贴、与河南社会福利指标之间的相关性,从而较为细致地反映河南省民营企业的财税补贴效果。

表8-2 企业经营指标

一级	二级	三级
资产和资金	资产	资产总额
		营运资本
		留存收益
		有形资产净值
	筹资	权益筹资
		债务筹资
		筹资总额
	投资	购建固定无形其他资产
		其他投资
		投资总额
收益和纳税	营业收益	营业收入
		营业利润
		销售收到的现金
	纳税	税金及附加
		所得税费用
		支付的各项税费
研发创新	研发投入	研发人员数量
		研发费用
		资本化研发投入
	专利	专利数量
人员	员工规模	员工总数
	高技能员工	技术人员人数
		研究生人数

8.3.3 研究样市和数据处理

8.3.3.1 研究样本和数据来源

河南省的地区生产总值等社会统计指标数据来源于国家统计局网站。考虑到城镇居民人均可支配收入、城镇居民人均消费支出等指标从2013年开始,所以相关指标都选取了2013—2018年的数据,以保持期间一致。文中有的表格中还列示了2012年数据,仅为满足计算增长率等指标的需要,并不参与测量。同理,有的表格未列示 2012 年数据,也不意味着数据漏失。

河南民营上市公司经营指标数据来源于同花顺网站。与社会统计指标的期间保持一致,选取了 2013—2018 年 A 股上市公司样本,按照企业属性选择"民营企业"即得到民营上市公司。将民营上市公司指标分别加总求和即得到按全省汇总的民营上市公司指标。

参照已有研究习惯,为了保证样本数据的完整性和样本经营状态的稳定性,剔除了数据不全的公司、金融类公司和连续二年以上 ST 公司,最终得到共计 282 个企业样本。

8.3.3.2　数据处理

在处理财税补贴指标、河南民营企业指标和社会福利指标的相关数据时,区分了各指标的不同影响方向,以及各指标度量标准、单位与符号的差异性。各类指标所涉金额指标均以亿元为单位。如资产、收入等,保留两位小数;所涉数量指标均以万为单位,如人数为万人、专利数为万件、排放量为万吨等,保留两位小数;未以万计量的其他指标均已标出;增长率、百分比等均为原始数据,保留小数点后四位,未采用百分化处理。

所有数据处理均通过 EXCEL 和 SPSS24、AMOS24 完成。

部分缺失数据使用 EXCEL 的 GROWTH 函数进行平滑法换算。

文中的显著水平为 * 表示 $p < 0.1$,* * 表示 $p < 0.05$,* * * 表示 $p < 0.01$。

8.3.4　研究方法

本章采用描述性统计方法反映财税补贴、企业经营和社会福利的基本情况。这三个名词均是多维度概念,涉及诸多指标和题项。这些指标之间可能存在的相关关系增加了数据处理的难度和问题分析的复杂性。而数据的可得性的限制以及某些社会指标的国家统计口径的变化等因素使本章没有办法利用大规模数据、运用复杂计量方法进行分析、列示。所以,本章尽可能利用现有社会统计数据和上市公司数据,从多个维度和指标对三个概念进行解析,力求提供更多的信息。

采用 Pearson 相关检验财税补贴、企业经营和社会福利的关系。为提供尽量丰富、全面的信息,本章按照研究逻辑先对财税补贴与企业经营指标之间的关系进行了相关分析,然后对企业经营指标与社会福利指标之间的关系进行了相关分析,从而得到各指标之间的相关情况。

采用结构方程方法检验三者之间的因果路径关系。在上述分析的基础上,分别构造了反映企业经营贡献值的综合指标和社会福利综合水平的指标,以克服小样本限制;建立了因果路径图来反映财税补贴与两个综合性指标之间的因果关系,并进行了检验。

8.4 财税补贴与河南民营企业经营

本章首先描述了河南民营上市公司在2013—2018年期间收到的财税补贴及各类企业指标的状况,然后检验了三类财税补贴之间的相关性,以及三类财税补贴与企业指标之间的相关性。

8.4.1 财税补贴状况

8.4.1.1 河南民营上市公司的财税补贴

财政补贴是在社会经济结构失衡,或者遇到供给瓶颈时,由政府提供的各种形式的支持性的政策措施,以保护特定产业,或者特定地区的发展。财政补贴政策是国家协调管控社会经济运行和各方面的利益配置的经济杠杆,也是发挥财政的社会分配功能的特定手段之一。研究文献通常采用《企业会计准则第16号——政府补助》(CAS16)口径来统计财税补贴。CAS16界定了与资产相关和与收益相关的补助类型,规定了资产性补助与收益性补助内容及其会计处理差异。资产性补助指企业取得的、用于购建或以其他方式形成长期资产的政府补助。收益性补助指除与资产相关的补助之外的补助。资产性补助增加了当期的负债(递延收益)和现金流,收益性补助增加了当期的净利润和现金流。

按照企业获得方式,财政补贴被分为直接补贴和间接补贴。比如,上述的资产性补助和收益性补助多属于直接补贴;企业也会收到各种各样的税费返还,是以税收优惠形式给予的间接补贴。如收到的增值税销项税额和退回的增值税款,还有收到的除增值税外的其他税费返还,如所得税、消费税、关税和教育费附加返还款等。

如果按照功能或用途划分,则更加细致多样,难以统计清楚。比如,科研经费补贴、产业扶持资金、研发、自主创新、培训补助、市场开拓、减排节能、设备采购、科技奖励、进口贴息、生产经营贷款贴息、产业结构调整补贴,特种行业补贴(如农业等)、建设环保补贴,公共设施运行补偿、环保补助、淘汰落后产能补助、战略性新兴产业补贴、智能制造专项补贴、示范工程补贴、就业补贴、出口补贴及贴息、政府奖励等。可见,财税补贴已经成为国家调节国民经济和社会生活的重要杠杆。不仅意味着领取补贴者的实际收入的增加,经济状况较之前有所改善,也引导企业承担了部分社会功能,涉及人民生活的诸多方面。

自2013年以来,河南民营上市公司收到的财税补贴呈现持续增长的状态(表8-3)。首先是资产性补助的增速最快,其次是收益补助,最后是收到的税费返还。按照CAS16,资产性补助在未来期间购买的固定资产、无形资产等长期资产,其本身隐含着一种信号,即企业项目发展前景广阔、具有投资价值。因此,资产性补助对企业绩效的影响可能较为长久。这反映出政策引导河南民营企业发展时,更加注重长期价值、长期效果。税费返还与当期创收情况有关,其连年增长状况反映出河南民营企业营业活动的良好趋势。

表8-3　河南民营上市公司的财税补贴

年份	收到的税费返还	增长率	收益补助	资产补助	补助小计	增长率	合计	增长率
2012	6.37		11.39	0.43	11.82		18.19	
2013	7.55	0.1855	9.42	0.54	9.96	−0.1571	17.52	−0.0371
2014	10.29	0.3625	9.82	12.95	22.77	1.2852	33.06	0.8874
2015	10.87	0.0566	11.03	15.08	26.11	0.1466	36.98	0.1186
2016	11.10	0.0205	11.93	17.87	29.80	0.1414	40.90	0.1059
2017	11.64	0.0494	2.16	19.69	21.85	−0.2668	33.49	−0.1810
2018	12.51	0.0740	1.61	27.88	29.50	0.3499	42.00	0.2540

8.4.1.2　三类财税补贴的关系

表8-4是三种类型补贴的相关性检验结果。河南民营企业收到的税费返还与资产性补助呈现出在0.000的显著水平上显著相关,Pearson相关系数为0.985,表明税费返还与资产性补助有明显关联。这说明在中国当前的地区横向经济竞争和财政收支分权制度背景下,"列收列支"现象显示出企业缴税与财政补贴收支挂钩的财政补贴的产生机制(范子英、王倩,2019)。也就是说,地方政府会通过税收超收来增加本地财税收入,同时在地区间横向税收竞争的约束下,又把超收税通过财政补贴返还给企业;而获得政府扶持越多的企业配合政府税收收入增长的意愿也越强;同时,政府也会以该信息作为判断企业经营情况的信号,从而更愿意把资产性补助支持那些经济效益较好的企业,以期在未来获得持续的本地财税收入,保持地区经济优势。这种现象同样反映在财税补贴与营业收益、纳税的关系上。

表8-4 财税补贴项目之间的相关性

	收到的税费返还	收益性补助	资产补助
税费返还	1		
P-value			
收益性补助	−0.523	1	
P-value	0.287		
资产性补助	0.985***	−0.588	1
P-value	0.000	0.220	

8.4.2 资产和资金与财税补贴的关系

8.4.2.1 河南民营上市公司的资产状况

从财务角度看,资产分析所关注的并非资产的物理质量,比如资产的质地、结构、性能、耐用性和新旧程度等,而强调资产为企业带来未来收益的质量。从表8-5看出,河南民营企业资产总额呈现逐年增长,有形资产净值也随之增长,表明资产质量合乎规模变化。营运资本从资产流动性的角度反映了企业在短期周转过程中,对资产占用速度的问题。留存收益是企业运用资产获得利润,在历年实现的利润中提取或形成的留存于企业的内部积累,包括盈余公积和未分配利润两类,也反映了资产运用的结果。

表8-5 河南民营上市公司的资产状况

年份	资产总额	增长率	营运资本	增长率	留存收益	增长率	有形资产净值	增长率
2012	1024.89	—	267.62	—	186.40	—	532.69	—
2013	1219.40	0.1898	263.77	−0.0144	232.95	0.2498	565.10	0.0608
2014	1497.18	0.2278	299.61	0.1359	283.94	0.2189	640.22	0.1329
2015	1765.64	0.1793	346.88	0.1578	323.70	0.1400	813.35	0.2704
2016	2839.11	0.6080	462.39	0.3330	392.01	0.2110	828.75	0.0189
2017	3372.65	0.1879	739.02	0.5983	508.68	0.2976	1230.14	0.4843
2018	3620.30	0.0734	626.11	−0.1528	595.49	0.1707	1329.93	0.0811

河南民营上市公司的资产总额逐年增长,表示河南民营企业的经营规模不断扩大。

留存收益逐年增长,表示企业运用资产的情况较好。有形资产净值增长率的波动幅度较大,反映出在经济转型时期,不确定性因素对企业资产价值有较大影响,暗示着河南民营企业应当适应新时代经济特点,关注资产的有用性,而不仅是资产规模。

表8-6是资产与三种类型补贴的相关性检验结果。河南民营企业的资产与财税补贴在总体上呈现出在0.1显著水平上显著相关,Pearson相关系数为0.7~0.95,表明资产状况与财税补贴有明显关联,存在显著的"账面效应"。值得注意的是,收益性补助与资产状况显著负相关。这验证也财税补贴的负面效果的观点。

表8-6　资产指标与财税补贴指标的相关性

	收到的税费返还	收益性补助	资产补助
资产总计亿元	0.837**	−0.729*	0.877**
P−value	0.038	0.100	0.022
营运资本	0.757*	−0.826**	0.769*
P−value	0.082	0.043	0.074
留存收益	0.856**	−0.825**	0.908**
P−value	0.029	0.043	0.012
有形资产净值	0.833**	−0.866**	0.871**
P−value	0.039	0.026	0.024

8.4.2.2　河南民营上市公司的筹资状况

上市公司通过股票和债券等筹资能够快速获取大额资金。与非上市公司相比,银行等金融机构也相对更加偏爱上市公司。从2013年以来,河南民营企业的筹资金额呈逐年上升趋势,且上升幅度较大(表8-7)。尽管很多文献认为我国上市公司不论从筹资规模还是筹资形式上,都具有较强的股票筹资偏好(倪中新、武凯文,2015),但是河南民营上市公司的债务筹资特点更加突出。这或许是区域性的信贷扶持强度差异导致了东部地区上市公司存在股权融资偏好,而中西部地区上市公司则表现为债权融资偏好(黄海鹰,2018)。表明东部与中西部地区的制度环境差异,这有待于中部地区市场化程度的提升。

表8-7 河南民营上市公司的筹资状况

年份	权益筹资	增长率	债务筹资	增长率	筹资总额	增长率
2012	39.47		182.69		222.16	
2013	20.42	−0.4828	237.45	0.2998	257.87	0.2998
2014	16.54	−0.1898	284.22	0.1969	300.76	0.1969
2015	123.13	6.4437	358.73	0.2622	481.87	0.2622
2016	248.68	1.0196	616.06	0.7173	864.74	0.7173
2017	262.35	0.0549	631.27	0.0247	893.61	0.0247
2018	28.60	−0.8910	715.73	0.1338	744.33	0.1338

表8-8 是筹资与三种类型补贴的相关性检验结果。河南民营企业的债务筹资、筹资总额与税费返还、资产补助呈现出在 0.05 显著水平上显著相关，Pearson 相关系数为 0.75～0.9，表明存在明显关联。值得注意的是，收益性补助、权益筹资与其他指标在统计意义上不显著，可见，收益性补助与河南民营企业筹资没有明显直观的关联效应，这或与收益性补助的随机性有关。权益筹资受到区域制度环境中其他因素的影响，如证监部门的审批策略，而不是财税补贴因素。

表8-8 筹资指标与财税补贴指标的相关性

	收到的税费返还	收益性补助	资产补助
权益筹资	0.386	−0.026	0.295
P−value	0.450	0.961	0.570
债务筹资	0.833**	−0.630	0.875**
P−value	0.039	0.180	0.022
筹资总额	0.761*	−0.467	0.754*
P−value	0.079	0.350	0.083

8.4.2.3 河南民营上市公司的投资状况

表8-9 表明，河南民营上市公司的投资规模的增长呈现出现稳中有降的趋势。随着经济进入新常态，投资增长率下降是客观现实，这与供给侧改革政策有关(雷霆、邓少微，2019)。短期内投资增速较低，有利于化解产能过剩矛盾，促进供需平衡和经济结构调整，有利于企业的优胜劣汰。从民营企业的角度看，经济下行期也是另一种机遇期，通过加强创新发展，有助于高效率企业取得更好的市场位置。

表8-9 河南民营上市公司的投资状况

年份	购建固定资产无形资产和其他长期资产	增长率	其他投资	增长率	投资总额	增长率
2012	89.23		204.95		294.18	
2013	116.10	0.2998	224.13	0.0936	340.23	0.1565
2014	84.49	0.1969	332.89	0.4852	417.38	0.2267
2015	95.94	0.2622	452.30	0.3587	548.23	0.3135
2016	116.35	0.7173	834.31	0.8446	950.66	0.7340
2017	164.01	0.0247	716.58	-0.1411	880.59	-0.0737
2018	186.52	0.1338	860.16	0.2004	1046.68	0.1886

表8-10是投资与三种类型补贴的相关性检验结果。不难发现,与表8-8的筹资相关性十分相似。河南民营企业的其他投资、投资总额与税费返还、资产补助呈现出在0.05显著水平上显著相关,相关系数为0.8~0.9,表明存在明显关联。收益性补助仅与购建固定资产无形资产其他长期资产等投资呈现负相关,验证了财税补贴的负面效应;而与其他指标在统计意义上不显著。可见,财税补贴支持河南民营企业的资金并没有用于增加自身主业投资,这反映了河南民营上市公司对供给侧改革的适应性,理性控制主业规模,避免产能过剩。

表8-10 投资指标与财税补贴指标的相关性

	收到的税费返还	收益性补助	资产补助
购建固定无形其他长资支出	0.547	-0.908**	0.641
P-value	0.262	0.012	0.170
其他投资	0.843**	-0.478	0.875**
P-value	0.035	0.337	0.023
投资总额	0.834**	-0.553	0.875**
P-value	0.039	0.255	0.022

8.4.3 营业收益和纳税与财税补贴的关系

8.4.3.1 河南民营上市公司的营业收益状况

营业收益反映民营企业的业务创收和利润情况。从表8-11看,虽然营业收入和营业利润都呈现出先增后减的波动,但是企业销售产品或提供服务等收取的现金流量情况基本保持稳定,反映出民营企业在新常态经济背景下的主营业务发展和经营活力比较稳定,受到的结构结构调整政策影响比较小。

表8-11　河南民营上市公司的营业收益状况

年份	营业收入	增长率	营业利润	增长率	销售活动收到现金	增长率
2012	669.08	—	65.97	—	611.07	—
2013	745.19	0.1138	62.36	-0.0548	661.56	0.0826
2014	833.95	0.1191	76.73	0.2305	725.29	0.0963
2015	895.22	0.0735	76.35	-0.0050	848.36	0.1697
2016	1101.04	0.2299	132.56	0.7362	989.36	0.1662
2017	1607.22	0.4597	221.84	0.6735	1415.88	0.4311
2018	1762.82	0.0968	211.92	-0.0447	1658.60	0.1714

表8-12是经营收益与三种类型补贴的相关性检验结果。与表8-6的资产相关性十分相似。指标之间均呈现出在0.05及以上显著水平上显著相关,相关系数为0.8~0.9,表明存在明显关联。收益性补助与营业收益指标呈现负相关,验证了财税补贴的负面效应。

表8-12　营业收益指标与财税补贴指标的相关性

	收到的税费返还	收益性补助	资产补助
营业收入	0.793*	-0.889**	0.847**
P-value	0.060	0.018	0.033
营业利润	0.762*	-0.863**	0.800*
P-value	0.078	0.027	0.056
销售商品劳务收到的现金	0.805*	-0.875**	0.865**
P-value	0.053	0.022	0.026

8.4.3.2　河南民营上市公司的纳税状况

表8-13显示出企业的各项纳税呈现出稳定增长的状态,但规律性不明显,这或与企业纳税受到诸多因素的影响。一方面,由于纳税项目的核算以营业收益项目为基础,所以两者之间应当存在相似的波动,而表8-11和表8-13的数据并非如此;另一方面,企业

纳税还受到征管部门的影响。在我国地方征纳实务中一个常见的现象是政府分配的财政补贴与企业缴税挂钩,且与补贴挂钩的税是政府对企业征收的"过头税"。政府对企业超收的一部分税会同时计入下一年给企业的补贴当中,使企业缴税与财政补贴之间呈现"列收列支"的形式(范子英、王倩,2019)。通过财政补贴返还的超收税,虽然在财政统计上属于企业补贴,但本质上还是企业的自有收入,因此,不会对企业绩效产生实质性影响。但这虚增了企业纳税规模,也高估了企业获得补贴的规模。

表8-13 河南民营上市公司的纳税状况

年份	税金及附加	增长率	所得税费用	增长率	支付的各项税费	增长率
2012	5.98	——	8.70	——	44.49	——
2013	6.40	0.0696	11.17	0.2828	47.04	0.0573
2014	7.77	0.2146	12.10	0.0833	55.21	0.1736
2015	6.90	−0.1125	8.88	−0.2661	58.41	0.0580
2016	9.71	0.4070	21.09	1.3759	59.88	0.0252
2017	14.15	0.4574	40.02	0.8974	99.04	0.6539
2018	22.03	0.5570	38.84	−0.0295	120.15	0.2132

表8-14是企业纳税与三种类型补贴的相关性检验结果。明显可见,税费返还与税金及附加、支付的各项税费呈现出显著的正相关关系,验证了前述的"列收列支"的现象;资产补助与财税补贴均呈现出显著的正相关关系,验证了此现象显示出的企业缴税与财政补贴收支挂钩的财政补贴的产生机制。相比之下,企业所得税费用与税费返还之间在统计意义上不显著,或与所得税通过汇算清缴完成,不存在类似政策操作。而收益性补助与企业纳税呈现显著的负相关关系,表明政府并没有从纳税角度给予激励,也从侧面为收益性补助负面效应提供了证据。

表8-14 纳税指标与财税补贴指标的相关性

	收到的税费返还	收益性补助	资产补助
税金及附加	0.734*	−0.861**	0.829**
P-value	0.097	0.028	0.041
所得税费用	0.692	−0.898**	0.745*
P-value	0.128	0.015	0.089
支付的各项税费	0.770*	−0.925***	0.835**
P-value	0.073	0.008	0.039

8.4.4 研发创新与财税补贴的关系

企业只有通过不断的创新才能适应互联网时代下的新市场、新商业环境。从表8-15看,河南民营上市公司表现出了良好的研发创新态势。研究投入总额连年增长,尤其是在营业收入中的占比更是大幅度提升。河南民营企业更加注重长期研发投资,在研发投资总额中的占比显现出稳定的上升趋势。研发人数和专利数均呈现增长趋势。

表8-15 河南民营上市公司的研发创新状况

年份	研发投入总额	增长率	占营业收入比例	资本化研发投入	增长率	占研发投入比例	研发人员数量	增长率	专利数量	增长率
2012	19.03	—	0.0284	0.15	—	0.0081	0.02	—	0.42	—
2013	22.45	0.1798	0.0301	0.11	-0.2967	0.0048	0.02	0.0611	0.54	0.3073
2014	26.76	0.1918	0.0321	0.10	-0.1092	0.0036	0.16	7.6073	0.69	0.2774
2015	31.02	0.1592	0.0346	0.26	1.7055	0.0084	1.26	6.6691	0.87	0.2504
2016	39.32	0.2678	0.0357	0.51	0.9442	0.0129	1.55	0.2278	1.05	0.2115
2017	49.85	0.2678	0.0310	0.84	0.6487	0.0168	1.88	0.2126	1.22	0.1616
2018	59.95	0.2025	0.0340	1.14	0.3553	0.0190	2.00	0.0652	1.45	0.1898

表8-16是企业研发创新与三种类型补贴的相关性检验结果。可见,税费返还和资产补助对研发人数、专利数量、资本化研发投资之间普遍呈现出0.05水平上的显著相关,相关系数在0.75~0.95。收益性补助的负面效应依旧存在,尽管与研发人数和研发费用的相关性在统计意义上不显著。当期的研发费用与三种补贴的相关性在统计意义上不显著,可见河南民营企业更加注重研发创新的长期效果。

表8-16 研发创新指标与财税补贴指标的相关性

	收到的税费返还	收益性补助	资产补助
研发人员数量	0.874**	-0.572	0.877**
P-value	0.023	0.236	0.022
专利数量	0.899**	-0.732*	0.941***
P-value	0.015	0.098	0.005
研发费用	0.538	-0.653	0.667
P-value	0.271	0.160	0.147
资本化研发投入	0.788*	-0.835**	0.856**
P-value	0.063	0.039	0.030

8.4.5 企业员工与财税补贴的关系

表8-17反映了河南民营上市公司的人员学历构成变化情况。在员工总量增长呈现下降趋势的情况下,近些年来,研究生、本专科生的占比不断上升,表明河南民营企业看重高学历人才,河南民营企业对高学历人才的吸引力不断上升。相比之下,低学历员工的占比在缓慢下降。

表8-17　河南民营上市公司的人员学历状况

年份	研究生	占总人数比例	本专科生	占总人数比例	高中及其他	占总人数比例	员工总数	增长率
2012	0.07	0.0080	2.93	0.3138	5.61	0.6010	9.34	—
2013	0.11	0.0105	3.61	0.3547	6.24	0.6140	10.17	0.0890
2014	0.12	0.0113	3.79	0.3586	6.19	0.5864	10.56	0.0387
2015	0.16	0.0138	4.05	0.3545	6.50	0.5687	11.42	0.0814
2016	0.17	0.0123	4.51	0.3207	9.19	0.6542	14.05	0.2304
2017	0.28	0.0175	5.36	0.3322	10.48	0.6503	16.12	0.1471
2018	0.36	0.0211	5.84	0.3413	10.91	0.6376	17.11	0.0614

从员工职能构成看(表8-18),各类人员规模基本保持稳中有升,没有大幅变化。反映出河南民营企业在经济新常态背景下,依然保持着良好的就业能力。

表8-18　河南民营上市公司的人员职能构成状况

年份	生产人员	占总人数比例	销售人员	占总人数比例	技术人员	占总人数比例	研发人员数量	占总人数比例
2012	4.91	0.5262	0.92	0.0982	1.12	0.1202	0.02	0.0019
2013	5.35	0.5258	1.11	0.1092	1.37	0.1350	0.02	0.0019
2014	5.25	0.4969	1.08	0.1024	1.45	0.1373	0.16	0.0156
2015	5.77	0.5052	1.30	0.1139	1.79	0.1564	1.26	0.1104
2016	7.46	0.5309	1.44	0.1026	2.06	0.1465	1.55	0.1102
2017	9.04	0.5611	1.59	0.0986	2.33	0.1446	1.88	0.1164
2018	8.96	0.5235	1.63	0.0953	2.49	0.1453	2.00	0.1169

表8-19是企业人员指标与三种类型补贴的相关性检验结果。其结果与表8-16类似。员工总数和高技术、高学历员工数量均与税费返还和资产补助呈现出显著的正相关,相关系数在0.75~0.9。收益性补助的负面效应依旧存在,尽管与技术人员人数的相关性在统计意义上不显著。

表8-19　人员指标与财税补贴指标的相关性

	收到的税费返还	收益性补助	资产补助
员工总数	0.815**	-0.7856*	0.865**
P-value	0.048	0.064	0.026
技术人员人数	0.864**	-0.721	0.897**
P-value	0.026	0.106	0.015
研究生人数	0.793*	-0.883**	0.859**
P-value	0.060	0.020	0.029

8.5　社会福利与河南民营企业经营

本章首先描述了河南省在2013—2018年社会福利状况,然后检验了社会福利指标与民营企业指标之间的相关性。

8.5.1　经济福利与河南民营企业经营的关系

8.5.1.1　收入福利状况

近几年,伴随供给侧结构性改革深入推进,改革开放力度加大,人民生活持续改善。从表8-20看出,城镇居民人均可支配收入稳定增长,增长速度快于人均GDP增长速度,与经济增长基本同步。居民的收入福利获得较大改善。

表8-20 居民收入福利状况

	功能自由		能力自由	
	人均 GDP	人均可支配收入	GDP 增长率	人均可支配收入增长速度/人均 GDP 增长速度
2012	3.1499	2.0262		
2013	3.4211	2.1741	0.0876	0.8476
2014	3.7072	2.3672	0.0853	1.0623
2015	3.9123	2.5576	0.0591	1.4535
2016	4.2575	2.7233	0.0938	0.7344
2017	4.6674	2.9558	0.1008	0.8867
2018	5.0152	3.1874	0.0786	1.0517

表8-21 显示,河南民营上市公司各方面的经营指标与居民现实生活内容普遍呈现出显著的正相关性。这表明企业作为社会生产的基本经济单位,实现了其社会收入功能,能够增进居民的收入福利。然而,与能力指标的相关性在统计意义上并不显著。反映出实现这些生活内容的能力需要更多社会力量的共同作用、国家政策的引导才能够实现。

表8-21 居民收入福利指标与企业经营指标的相关性

		人均 GDP	城镇居民人均可支配收入	GDP 增长率	人均可支出收入增速比人均 GDP 增速
资产	资产总额	0.980***	0.971***	0.331	−0.253
	营运资本	0.922***	0.906**	0.415	−0.228
	留存收益	0.996***	0.990**	0.185	−0.092
	有形资产净值	0.975***	0.972**	0.140	−0.002
筹资	权益筹资	0.366	0.374	0.432	−0.309
	债务筹资	0.959**	0.955**	0.305	−0.276
	筹资总额	0.844*	0.844*	0.397	−0.326
投资	购建固定无形其他资产	0.866*	0.840*	0.305	−0.266
	其他投资	0.910*	0.914*	0.249	−0.256
	投资总额	0.937**	0.937**	0.266	−0.266
营业收益	营业收入	0.976***	0.961**	0.271	−0.150
	营业利润	0.952***	0.932**	0.417	−0.269
	销售收到的现金	0.981***	0.971**	0.189	−0.092

续表 8-21

		人均 GDP	城镇居民人均可支配收入	GDP增长率	人均可支出收入增速比人均 GDP 增速
纳税	税金及附加	0.926***	0.910*	0.142	−0.106
	所得税费用	0.923***	0.894*	0.469	−0.328
	支付的各项税费	0.944***	0.932**	0.142	−0.022
研发创新	研发人员数量	0.927**	0.944**	0.055	0.016
	专利数量	0.997**	0.999**	0.125	−0.055
	研发费用	0.699	0.694	−0.184	0.084
	资本化研发投入	0.982**	0.972**	0.210	−0.154
人员	员工总数	0.986**	0.975**	0.310	−0.232
	技术人员人数	0.985**	0.987**	0.181	−0.105
	研究生人数	0.968**	0.960**	0.117	−0.029

8.5.1.2　消费福利状况

表 8-22 显示,居民消费指标增长稳定,反映出城市公共服务能够保障居民的基本生活服务需求,解决消费的后顾之忧。然而,能力指标呈现出下降趋势,表明社会服务还不能完全促进居民对发展性消费和享受性消费的追求,从而实现将"对美好生活的向往"付诸实际的消费行动,暗示出城市服务的消费创造能力仍显不足。

表 8-22　居民消费福利状况

	功能自由		能力自由	
	城镇居民人均消费支出	城市商品零售价格指数	人均消费支出／人均 GDP	居民消费／政府消费
2012	1.4244	102.4	0.4522	2.7216
2013	1.5249	101.6	0.4457	2.6393
2014	1.6184	101.0	0.4366	2.7242
2015	1.7154	99.6	0.4385	2.7433
2016	1.8088	100.3	0.4248	2.7597
2017	1.9422	101.3	0.4161	2.7918
2018	2.0989	103.0	0.4185	2.6074

人均 GDP 影响居民消费支出结构,居民通过"用钱投票"的方式影响着企业的生产选择。资本逐利的本性,使得满足居民消费需求的产业可以获得大量资金,从而快速发

展起来。表8-23 显示,河南民营上市公司各方面的经营指标与城镇居民人均消费支出之间普遍呈现出显著的正相关性,表明企业向社会提供产品和服务满足了居民日益增长的物质生活需要。河南民营上市公司经营指标与人均消费支出/人均 GDP 之间普遍呈现出显著的负相关性,反映出河南民营企业在满足居民对未来美好生活的追求方面存在很大空间。河南民营上市公司经营指标与其他两个消费指标的相关性在统计意义上不显著。

表 8-23　居民消费福利指标与企业经营指标的相关性

		城镇居民人均消费支出	城市商品零售价格指数	人均消费支出／人均 GDP	居民消费／政府消费
资产	资产总额	0.967 ***	0.439	−0.976 ***	0.070
	营运资本	0.899 **	0.411	−0.955 ***	0.200
	留存收益	0.995 **	0.548	−0.933 **	−0.077
	有形资产净值	0.974 **	0.511	−0.905 *	−0.031
筹资	权益筹资	0.327	−0.436	−0.557	0.801
	债务筹资	0.949 **	0.379	−0.954 **	0.072
	筹资总额	0.821 *	0.097	−0.918 **	0.378
投资	购建固定无形其他资产	0.863 *	0.752	−0.782	−0.312
	其他投资	0.902 *	0.252	−0.913 *	0.129
	投资总额	0.929 **	0.327	−0.928 **	0.075
营业收益	营业收入	0.969 **	0.603	−0.929 **	−0.080
	营业利润	0.933 **	0.539	−0.962 **	0.057
	销售收到的现金	0.980 **	0.607	−0.906 *	−0.134
纳税	税金及附加	0.933 **	0.762	−0.812 *	−0.366
	所得税费用	0.902 *	0.627	−0.932 **	−0.022
	支付的各项税费	0.947 **	0.680	−0.849 *	−0.215
研发创新	研发人员数量	0.927 **	0.162	−0.884 *	0.200
	专利数量	0.998 **	0.442	−0.933 **	−0.017
	研发费用	0.732	0.785	−0.479	−0.699
	资本化研发投入	0.981 **	0.601	−0.907 *	−0.153
人员	员工总数	0.976 **	0.506	−0.961 **	−0.002
	技术人员人数	0.982 **	0.383	−0.942 **	0.061
	研究生人数	0.973 **	0.634	−0.866 *	−0.200

8.5.2　生活福利与河南民营企业经营的关系

8.5.2.1　健康福利状况

健康是人类生存与发展的基础,也是体现国家经济发展与社会进步的重要标志之一。表8-24显示,各项居民健康福利指标均呈现出稳定的增长趋势。表明这些年来随着经济全球化和社会主义市场化进程的加快,我国的经济社会发生了深刻变化。经济保持平稳较快增长的同时,人民的生活健康水平大幅提高。

表8-24　居民健康福利状况

	功能自由		能力自由		
	每万人拥有城市卫生技术人员数	城市每万人医疗机构床位数	城镇基本医疗保险年末参保人数	地方财政医疗卫生支出/公共财政支出	人均地方财政医疗卫生支出
2012	87	79.64	2 222.2	0.0008	0.0523
2013	93	84.39	2 297.2	0.0008	0.0639
2014	99	89.03	2 340.0	0.0008	0.0757
2015	104	93.65	2 344.9	0.0008	0.0816
2016	110	98.86	2 360.7	0.0007	0.0875
2017	118	103.75	10 410.7	0.0007	0.0967
2018	123	108.30	10 435.7	0.0006	0.0523

保障职工职业健康,是企业社会责任的主要内容。越来越多的民营企业看重企业与人的协调发展,不断改善企业生产环境,满足企业员工健康需求。表8-25显示,河南民营企业经营指标与地方财政医疗卫生支出占公共财政支出比例之间呈负相关,表明财政卫生支出显著促进了居民的医疗服务利用,还可以降低当前较高的企业医保缴费负担等(郑喜洋、申曙光,2019),从而节约了企业经营资源。河南民营企业经营指标与其他指标均呈现出显著的正相关。表明河南民营企业在促进居民健康福利方面的增进作用。

表 8-25 居民健康福利指标与企业经营指标的相关性

		每万人拥有城市卫生技术人员数	城市每万人医疗机构床位数	城镇基本医疗保险年末参保人数	地方财政医疗卫生支出/公共财政支出	人均地方财政医疗卫生支出
资产	资产总额	0.981***	0.981***	0.843**	−0.936***	0.946***
	营运资本	0.929***	0.914**	0.919***	−0.806*	0.863**
	留存收益	0.990**	0.983**	0.908*	−0.941**	0.951*
	有形资产净值	0.974**	0.962**	0.943**	−0.875*	0.931*
筹资	权益筹资	0.416	0.429	0.196	−0.217	0.442
	债务筹资	0.961**	0.969**	0.760	−0.939**	0.944*
	筹资总额	0.866*	0.877*	0.630	−0.769	0.864*
投资	购建固定无形其他资产	0.842*	0.826*	0.935**	−0.889*	0.742
	其他投资	0.917*	0.935**	0.629	−0.898*	0.931*
营业收益	投资总额	0.940**	0.954**	0.692	−0.929**	0.939*
	营业收入	0.967**	0.954**	0.956**	−0.918**	0.903*
	营业利润	0.949**	0.934**	0.941	−0.883*	0.875*
	销售收到的现金	0.971**	0.960**	0.943**	−0.930**	0.917*
纳税	税金及附加	0.899*	0.888*	0.892*	−0.946**	0.837*
	所得税费用	0.913*	0.894*	0.956**	−0.880*	0.818*
	支付的各项税费	0.929**	0.911*	0.963**	−0.888*	0.864*
研发创新	研发人员数量	0.945**	0.956**	0.720	−0.813*	0.968**
	专利数量	0.996**	0.998**	0.840*	−0.936**	0.984**
	研发费用	0.657	0.655	0.638	−0.805	0.625
	资本化研发投入	0.971**	0.965**	0.911*	−0.959**	0.920*
人员	员工总数	0.982**	0.979**	0.885*	−0.946**	0.936**
	技术人员人数	0.990**	0.992**	0.840*	−0.913*	0.974**
	研究生人数	0.955**	0.944**	0.940**	−0.920**	0.904*

8.5.2.2 环保福利状况

生态文明建设功在当代、利在千秋。这几年,治理大气污染成了各级政府的一项重要任务。在政府、社会和企业的共同努力之下,效果显著。表 8-26 显示,烟(粉)尘排放量逐年下降,2018 年的排放量仅是 5 年前的一半,反映出大气环境逐渐改善。绿化覆盖率、垃圾无害化处理、地方财政环保支出逐年上升,反映出在人口增长与城镇化推进、垃坂产量增加背景下,生活垃圾处理能力不断提升,人居环境不断改善。

表8-26 居民环境福利状况

	功能自由		能力自由		
	烟(粉)尘排放量	二氧化硫排放量	建成区绿化覆盖率	生活垃圾无害化处理率	地方财政环保支出/公共财政支出
2012	0.0060	0.0128	0.369	0.864	0.0219
2013	0.0064	0.0125	0.376	0.900	0.0200
2014	0.0088	0.0120	0.383	0.928	0.0199
2015	0.0085	0.0114	0.377	0.960	0.0261
2016	0.0043	0.0041	0.393	0.988	0.0263
2017	0.0022	0.0029	0.394	0.997	0.0294
2018	0.0033	0.0058	0.400	0.997	0.0389

大气污染的主因是企业生产过程中的负外部性,表现为雾霾对居民健康等造成了严重影响。近些年,大力推进生态文明建设,成效显著。表8-27显示,河南民营企业经营指标与烟粉尘排放量、二氧化硫排放量之间,较多指标显现出显著的负相关关系,表明河南民营企业排污行为已经得到有效遏制。河南民营企业经营指标与绿化、垃圾处理、财政环保支出之间呈现出显著的正相关关系,表明河南民营企业、社会与政府在环保保护方面已经形成良好互动。

表8-27 居民环保福利指标与企业经营指标的相关性

		烟粉尘排放量	二氧化硫排放量	建成区绿化覆盖率	生活垃圾无害化处理率	地方财政环境保护支出/公共财政支出
资产	资产总额	−0.878 **	−0.923 ***	0.952 ***	0.937 ***	0.880 **
	营运资本	−0.888 **	−0.898 **	0.852 **	0.869 **	0.781 *
	留存收益	−0.803	−0.807	0.919 **	0.887 *	0.948 **
	有形资产净值	−0.785	−0.772	0.846 *	0.867 *	0.932 **
筹资	权益筹资	−0.540	−0.753	0.363	0.641	0.144
	债务筹资	−0.858 *	−0.928 **	0.950 **	0.947 **	0.869 **
	筹资总额	−0.841 *	−0.979 **	0.836 *	0.947 **	0.688

续表 8-27

		烟粉尘排放量	二氧化硫排放量	建成区绿化覆盖率	生活垃圾无害化处理率	地方财政环境保护支出/公共财政支出
投资	购建固定无形其他资产	-0.882*	-0.702	0.796	0.659	0.865*
	其他投资	-0.779	-0.909*	0.920**	0.952**	0.821*
	投资总额	-0.820*	-0.0914*	0.936**	0.948**	0.856*
营业收益	营业收入	-0.844*	-0.807	0.903*	0.841*	0.912*
	营业利润	-0.900*	-0.882*	0.910*	0.853*	0.833*
	销售收到的现金	-0.814*	-0.774	0.890*	0.841*	0.946**
纳税	税金及附加	-0.725	-0.639	0.878*	0.713	0.937**
	所得税费用	-0.911*	-0.848*	0.900*	0.784	0.809
	支付的各项税费	-0.743	-0.672	0.841*	0.757	0.927**
研发创新	研发人员数量	-0.740	-0.850*	0.796	0.978**	0.874*
	专利数量	-0.773	-0.826*	0.916*	0.937**	0.951**
	研发费用	-0.411	-0.273	0.641	0.436	0.848*
	资本化研发投入	-0.847*	-0.804	0.909*	0.854*	0.953**
人员	员工总数	-0.885*	-0.892*	0.941**	0.909*	0.906*
	技术人员人数	-0.829*	-0.877*	0.896*	0.954**	0.925**
	研究生人数	-0.772	-0.715	0.859*	0.809	0.961**

8.5.2.3 社保福利状况

党的十八大以来,社会保障全覆盖的目标初步实现。表8-28 显示,河南省五项社保覆盖面继续增长,养老保险参保人数、基本医疗保险参保人数、工伤保险参保人数、失业保险参保人数、生育保险参保人数以及地方财政社保支出持续提升,而城市居民最低生活保障人数不断下降。

表8-28 居民社保福利状况

	功能自由					能力自由
	城市居民最低生活保障人数	城镇职工参加养老保险人数	参加失业保险人数	工伤保险年末参保人数	年末参加生育保险人数	地方财政社会保障和就业支出/公共财政支出
2012	133.40	1270.63	724.20		520.30	0.1262
2013	131.00	1349.99	741.29	773.09	569.60	0.1310
2014	118.90	1431.64	773.30	805.71	590.17	0.1312
2015	107.90	1508.71	783.34	856.70	609.46	0.1391
2016	82.10	1848.42	788.07	876.97	646.80	0.1432
2017	67.80	1897.59	805.57	900.88	692.73	0.1412
2018	50.10	2006.54	819.91	926.26	755.35	0.1409

　　我国社会保障体系是三支柱模式,即政府、企业、个人共同织就民生保障网。现实是,三支柱模式非常不均衡,三者比例基本为82:18,国家承担了绝大部分责任。反观美国,其比例基本为30:53:17,企业承担了一半以上的责任。鉴于当前我国社会保障结构中企业年金规模小的现状,逐渐改变由政府主导,让企业承担起更多的社会责任。[1] 表8-29 显示,河南民营企业经营指标与城市居民最低生活保障人数之间显现出显著的负相关关系,而与其他社保福利指标之间呈现出显著的正相关关系,表明河南民营企业、社会与政府在建设多层次社会保障体系方面已经形成良好互动。

---

　　[1]　孙武军.构建多层次社会保障体系,消除百姓消费后顾之忧.[EB/OL].(2019-04-18)[2020-01-15]http://theory.gmw.cn/2019-04/18/content_32755296.htm

表 8-29 居民环保福利指标与企业经营指标的相关性

		城市居民最低生活保障人数	城镇职工参加养老保险人数	参加失业保险人数	工伤保险年末参保人数	年末参加生育保险人数	地方财政社会保障和就业支出/公共财政支出
资产	资产总额	-0.991***	0.994***	0.914**	0.949***	0.959***	0.829**
	营运资本	-0.916**	0.906**	0.854**	0.877**	0.888**	0.732*
	留存收益	-0.986**	0.951**	0.943**	0.946**	0.996**	0.737
	有形资产净值	-0.955**	0.905**	0.929**	0.933**	0.970**	0.716
筹资	权益筹资	-0.416	0.509	0.365	0.486	0.249	0.742
	债务筹资	-0.982**	0.999**	0.895*	0.948**	0.936**	0.875*
	筹资总额	-0.881*	0.931**	0.797	0.885*	0.780	0.936**
投资	购建固定无形其他资产	-0.856*	0.822*	0.708	0.749	0.905*	0.535
	其他投资	-0.944**	0.975**	0.872*	0.932**	0.876*	0.914*
	投资总额	-0.966**	0.990**	0.881*	0.942**	0.912*	0.897*
营业收益	营业收入	-0.962**	0.926**	0.901*	0.902*	0.979**	0.675
	营业利润	-0.947**	0.932**	0.868*	0.880*	0.937**	0.695
	销售收到的现金	-0.966**	0.922**	0.911*	0.914*	0.990**	0.684
纳税	税金及附加	-0.907*	0.852*	0.843*	0.819*	0.967**	0.529
	所得税费用	-0.916*	0.899*	0.816*	0.821*	0.921**	0.612
	支付的各项税费	-0.915*	0.850*	0.882*	0.855*	0.967**	0.562
研发创新	研发人员数量	-0.936**	0.930**	0.915*	0.983**	0.884*	0.946**
	专利数量	-0.995**	0.969**	0.964**	0.981**	0.985**	0.818*
	研发费用	-0.675	0.596	0.629	0.594	0.785	0.291
	资本化研发投入	-0.977**	0.947**	0.895*	0.920**	0.993**	0.724
人员	员工总数	-0.991**	0.982**	0.907*	0.940**	0.975**	0.790
	技术人员人数	-0.990**	0.977**	0.937**	0.981**	0.964**	0.865*
	研究生人数	-0.947**	0.892*	0.901*	0.899*	0.986**	0.648

8.5.2.4 居住福利状况

近些年来,河南城乡建设事业发展迅速。中小城市数量及规模明显增长,以"米"字形发展轴带为主体的城镇化空间格局基本形成。适应新型城镇化发展需要,城市基础设施扩容,综合承载能力显著提高,城市生态宜居性明显增强。表 8-30 反映了近些年来的城市生活居住设施的改善,各项招标均呈现出不断提升的趋势。

表8-30　居民居住福利状况

	功能自由		能力自由		
	每万人拥有公共交通车辆	城市宽带接入用户	建成区供水管道密度（千米/平方千米）	城市绿地面积	道路清扫保洁面积
2012	8.60	672.30	19 288	8.08	25 540
2013	9.07	698.80	19 954	8.57	27 197
2014	9.75	773.50	20 590	9.00	29 490
2015	10.14	1070.00	21 338	9.54	32 248
2016	10.88	1274.50	22 234	10.12	36 166
2017	12.28	1535.60	24 419	10.71	39 207
2018	12.59	1774.20	25 738	8.08	25 540

企业与城市发展共生共荣。一方面,城市的物流、信息流、资金流聚集,各种生产要素富集,使企业发展更加方便和经济;城市人口集中,消费力强,消费方式多样,市场广阔,为企业提供了赢利的机会。另一方面,企业以其产品和服务为城市创造了丰富的物质财富,或通过税收转化为公共财富,或经由政府转移支付,不断改善城市居民的生活环境、城市基础设施、居住条件和生态环保等方面。表8-31显示,河南民营企业经营指标与城市居民的居住福利之间显现出显著的正相关关系,表明河南民营企业已经实现了企业自身发展与城市发展双赢的状态。

表8-31　居民居住福利指标与企业经营指标的相关性

		每万人拥有公共交通车辆	城市宽带接入用户	建成区供水管道密度	城市绿地面积	道路清扫保洁面积
资产	资产总额	0.980***	0.977***	0.846**	0.978***	0.979***
	营运资本	0.961***	0.916**	0.864**	0.912*	0.926**
	留存收益	0.991**	0.987**	0.887*	0.991**	0.998**
	有形资产净值	0.984**	0.973**	0.875*	0.969**	0.982**
筹资	权益筹资	0.416	0.405	0.124	0.383	0.360
	债务筹资	0.946**	0.963**	0.783	0.963**	0.956**
	筹资总额	0.855*	0.863*	0.618	0.854*	0.839*

续表8-31

		每万人拥有公共交通车辆	城市宽带接入用户	建成区供水管道密度	城市绿地面积	道路清扫保洁面积
投资	购建固定无形其他资产	0.872*	0.872*	0.961**	0.846*	0.888*
	其他投资	0.883*	0.918**	0.662	0.922**	0.901*
	投资总额	0.914*	0.945**	0.725	0.945**	0.932**
营业收益	营业收入	0.985**	0.964**	0.935**	0.965*	0.981**
	营业利润	0.977**	0.938**	0.926**	0.939**	0.956**
	销售收到的现金	0.980**	0.973**	0.919**	0.972**	0.987**
纳税	税金及附加	0.904*	0.903*	0.924**	0.912*	0.931**
	所得税费用	0.950**	0.903*	0.963**	0.904*	0.929**
	支付的各项税费	0.947**	0.926**	0.930**	0.931**	0.952**
研发创新	研发人员数量	0.919*	0.955**	0.641	0.940**	0.927**
	专利数量	0.981**	0.995**	0.813*	0.999**	0.995**
	研发费用	0.633	0.684	0.705	0.691	0.707
	资本化研发投入	0.974**	0.981**	0.911*	0.975**	0.989**
人员	员工总数	0.986**	0.983**	0.886*	0.981**	0.988**
	技术人员人数	0.980**	0.996**	0.803	0.989**	0.988**
	研究生人数	0.962**	0.961**	0.910*	0.959**	0.976**

8.5.3 发展福利与河南民营企业经营的关系

8.5.3.1 就业福利状况

表8-32显示,近些年来,城镇单位就业人员平均工资稳定增长,城镇登记失业率基本保持不变。反映出在复杂严峻的国内外形势下,一系列稳增长、促改革、调结构、惠民生、防风险政策措施效果不断显现,全社会在切实保障和改善民生方面成果显著。

表8-32　居民就业福利状况

	功能自由	能力自由
	城镇单位就业人员平均工资	城镇登记失业率
2012	3.7338	0.031
2013	3.8301	0.031
2014	4.2179	0.030
2015	4.5403	0.030
2016	4.9505	0.030
2017	5.5495	0.028
2018	6.3174	0.030

　　表8-33显示,河南民营上市公司各方面的经营指标与城镇单位就业人员平均工资之间普遍呈现出显著的正相关性,表明就业形势总体稳定,河南民营企业就业稳中有增,促进了城镇单位就业人员平均工资继续增长。河南民营上市公司各方面的经营指标与城镇登记失业率的相关系数为负,相关性在统计意义上不显著,这或与该指标的准确性有关(杨爱婷、宋德勇,2012),或意味着民营企业就业规模有待扩大。

表8-33　居民就业福利指标与企业经营指标的相关性

		城镇单位就业人员平均工资	城镇登记失业率
资产	资产总额	0.961***	−0.624
	营运资本	0.890**	−0.807*
	留存收益	0.996**	−0.578
	有形资产净值	0.974**	−0.648
筹资	权益筹资	0.278	−0.688
	债务筹资	0.939**	−0.549
	筹资总额	0.793	−0.678
投资	购建固定无形其他资产	0.879*	−0.433
	其他投资	0.886*	−0.481
	投资总额	0.917*	−0.492
营业收益	营业收入	0.974**	−0.624
	营业利润	0.933**	−0.716
	销售收到的现金	0.986**	−0.568

续表 8-33

		城镇单位就业人员平均工资	城镇登记失业率
纳税	税金及附加	0.953**	−0.363
	所得税费用	0.909*	−0.675
	支付的各项税费	0.960**	−0.541
研发创新	研发人员数量	0.904*	−0.615
	专利数量	0.993**	−0.558
	研发费用	0.764	0.077
	资本化研发投入	0.986**	−0.518
人员	员工总数	0.973**	−0.607
	技术人员人数	0.972**	−0.612
	研究生人数	0.981**	−0.519

8.5.3.2 教育福利状况

随着人才强省和创新驱动发展战略的实施,高校专业设置、办学经费、教职工招聘等更加灵活,高校发展的动力和活力不断增强。表 8-34 表明,近年来的高等教育福利稳定增长。高等教育大众化不断发展,在校学生比例和专任老师比例持续上升。

表 8-34 居民教育福利状况

	功能自由		能力自由
	普通高等学校在校学生比例	普通高等学校专任教师比例	地方政府教育支出/公共财政支出
2012	—	—	0.2210
2013	0.0172	0.0010	0.2099
2014	0.0178	0.0010	0.1993
2015	0.0186	0.0010	0.1869
2016	0.0197	0.0011	0.1803
2017	0.0210	0.0011	0.1817
2018	0.0223	0.0012	0.1806

近些年来,河南教育适应城镇化建设需要,高等教育布局与产业布局和社会发展需要相衔接,不断提升高校服务区域经济发展能力。表 8-35 显示,河南民营企业经营指标

与在校学生比例、专任老师比例之间普遍呈现出显著的正相关关系;与地方政府教育支出在公共财政支出的比例呈负相关,多数指标之间的相关性在统计意义上不显著,仅有少数指标之间存在显著的相关性,反映出企业经营活动与财政教育支出之间的关系并不明确,有待探讨。

表8-35　居民教育福利指标与企业经营指标的相关性

		普通高等学校专任教师比例	普通高等学校本专科生在校人数比例	地方政府教育支出/公共财政支出
资产	资产总额	0.966***	0.976***	−0.862**
	营运资本	0.898**	0.913**	−0.768*
	留存收益	0.997**	0.997**	−0.808
	有形资产净值	0.973**	0.978**	−0.784
筹资	权益筹资	0.297	0.339	−0.647
	债务筹资	0.945**	0.956**	−0.890*
	筹资总额	0.806	0.830*	−0.0908*
投资	购建固定无形其他资产	0.872*	0.887*	−0.527
	其他投资	0.894*	0.903*	−0.925**
	投资总额	0.923**	0.933**	−0.905*
营业收益	营业收入	0.975**	0.978**	−0.739
	营业利润	0.938**	0.948**	−0.743
	销售收到的现金	0.984**	0.987**	−0.748
纳税	税金及附加	0.947**	0.937**	−0.616
	所得税费用	0.913*	0.922**	−0.658
	支付的各项税费	0.956**	0.951**	−0.655
研发创新	研发人员数量	0.907*	0.924**	−0.955**
	专利数量	0.994**	0.996**	−0.881*
	研发费用	0.749	0.726	−0.376
	资本化研发投入	0.984**	0.990**	−0.763
人员	员工总数	0.976**	0.986**	−0.823*
	技术人员人数	0.974**	0.985**	−0.894*
	研究生人数	0.977**	0.977**	−0.717

8.5.3.3 文化福利状况

党的十八大以来,全省文化产业快速发展,文化事业普惠民生,公共文化设施不断完善,覆盖城乡的公共文化服务网络初步建立。表8-36显示,电视、广播、图书馆和艺术表演方面的公共文化建设持续稳步持续增长。尤其是每万人拥有公共图书馆建筑面积的变化最明显,显示着城市的现代化程度不断提升。

表8-36 居民文化福利状况

	功能自由		能力自由		
	电视节目综合人口覆盖率	广播节目综合人口覆盖率	人均拥有公共图书馆藏书量（册/人）	每万人拥有公共图书馆建筑面积（平方米）	艺术表演场馆观众人次
2012	0.979	0.979	0.24	45.66	611
2013	0.981	0.981	0.24	56.80	229
2014	0.983	0.982	0.25	57.80	220
2015	0.984	0.983	0.26	57.87	272
2016	0.986	0.984	0.28	64.10	304
2017	0.988	0.986	0.30	64.20	319
2018	0.990	0.991	0.33	70.20	309

公共文化事业随着社会变革而变化发展,与社会经济因素的关系密切。在新时期社会转型的背景下,企业参与公共文化服务既是应对政府失灵的有效手段,也是企业承担社会责任的现实体现,既有利于社会进步,也有利于企业自身发展(吴理财、刘建,2015)。从表8-37可以看出,河南民营上市公司的绝大多数经营指标与文化福利指标显现出显著正相关关系,有助于实现民营企业经济效益与社会效益的有机统一。

表8-37 居民文化福利指标与企业经营指标的相关性

		电视节目综合人口覆盖率	广播节目综合人口覆盖率	人均拥有公共图书馆藏书量	每万人拥有公共图书馆建筑面积	艺术表演场馆观众人次
资产	资产总额	0.978***	0.891**	0.965***	0.952***	0.929***
	营运资本	0.912**	0.797*	0.889**	0.825*	0.889*
	留存收益	0.992**	0.965**	0.995**	0.954**	0.860*
	有形资产净值	0.966**	0.935**	0.967**	0.890*	0.857*

续表 8-37

		电视节目综合人口覆盖率	广播节目综合人口覆盖率	人均拥有公共图书馆藏书量	每万人拥有公共图书馆建筑面积	艺术表演场馆观众人次
筹资	权益筹资	0.371	0.076	0.270	0.256	0.706
	债务筹资	0.961**	0.869*	0.945**	0.956**	0.939**
	筹资总额	0.847*	0.661	0.795	0.797	0.968**
投资	购建固定无形其他资产	0.842*	0.887*	0.899*	0.871*	0.736
	其他投资	0.919**	0.808	0.890*	0.921**	0.924**
	投资总额	0.942**	0.848*	0.923**	0.947**	0.932**
营业收益	营业收入	0.966**	0.941**	0.976**	0.927**	0.835*
	营业利润	0.942**	0.867*	0.937**	0.895*	0.861*
	销售收到的现金	0.972**	0.965**	0.987**	0.938**	0.833*
纳税	税金及附加	0.918**	0.985**	0.961**	0.943**	0.680
	所得税费用	0.909*	0.858*	0.918**	0.884*	0.803
	支付的各项税费	0.934**	0.962**	0.959**	0.894*	0.734
研发创新	研发人员数量	0.928**	0.817*	0.893*	0.842*	0.977**
	专利数量	0.997**	0.950**	0.989**	0.955**	0.900*
	研发费用	0.693	0.883*	0.777	0.786	0.386
	资本化研发投入	0.973**	0.965**	0.992**	0.964**	0.859*
人员	员工总数	0.980**	0.919**	0.979**	0.958**	0.911*
	技术人员人数	0.982**	0.908*	0.969**	0.932**	0.951**
	研究生人数	0.958**	0.977**	0.981**	0.926**	0.797

8.6 财税补贴、河南民营企业经营与社会福利

本章将构建衡量民营企业经营和社会福利水平的综合指标,建立财税补贴与两个综合指标的总体关系模型,同时考虑企业创新的影响,一并检验三者之间的关系。

8.6.1 研究模型

财税补贴作为政府进行宏观调控的一种直接工具,对资本市场以及上市公司产生了重要影响。由于财税补贴是直接或间接向微观经济活动主体提供的一种无偿的转移,属于转移支付范畴,所以这样的补贴是有条件的。事实上,政府出于某些目的,认为有必要干预微观经济主体去追求某些经济或社会利益的活动时,才会产生补贴行为。这种补贴所产生的功效多种多样。从经济角度看,财税补贴是一种资源配置的方式,如支持行业发展,刺激企业研发活动;从政治角度来说,政府补贴主要是为了达到政治目标,如增加就业和提供公共服务。另外,政府补贴还被用来实现融资、保牌和扭亏等。那么,财税补贴是否影响河南民营企业经营以及河南民营企业是否会去实现政府的社会福利目标如就业等。为了能够在观察到政府对民营企业的"帮助之手",同时观察民营企业帮助政府实现其社会目标而进行的经营行为,本章构建了"财税补贴方式、民营企业创新、河南企业的社会经济贡献、河南社会福利综合水平"的因果关系图(图8-1),利用 AMOS 采用路径分析方法进行检验,采用极大似然法(ML)进行拟合与参数估计,使输出结果更加稳定。受小样本限制,把收益性财政补助和资产性财政进行了合并,统一作为直接财税补贴,而税费返还属于间接财税补贴。

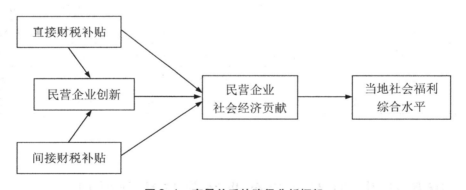

图8-1 变量关系的路径分析框架

8.6.2 数据和变量设计

数据来源如前所述,社会统计指标数据来源于国家统计局网站。河南民营上市公司经营指标数据来源于同花顺网站。

对于财税补贴,按照补贴方式可分为直接补贴和间接补贴(刘虹等,2012;汤萱等,2017;李万君等,2019)。直接补贴指政府给予的特定的支持资金,比如研发、奖励、贴息等。间接补贴指各种税费的返、退、减、免等。

对于民营企业创新,用企业的专利数衡量。

河南民营上市公司的社会经济贡献指标构建。上市公司借助于资本市场,凭借其在资金筹集、人才吸引、技术创新和管理创新方面的特有优势,吸收和整合这些优势资源,并投入到生产经营中必将带来产出的增长,贡献于区域经济和社会进步。为了对河南民营上市公司对区域经济和社会的贡献有一个比较准确而又客观的认识,本章借鉴收入法核算体系下 GDP 的计算方法(董文文,2012;朱君,2014),度量河南民营上市公司对河南经济和社会的贡献程度。

按照收入法 GDP 核算体系,GDP 是由劳动者报酬、资产折旧、生产税净额以及营业盈余构成的。据此,上市公司的职工收入、资产折旧、税收都应作为上市公司对经济和社会的贡献。据此,上市公司的社会经济贡献值的计算公式为:

上市公司的社会经济贡献值=劳动者报酬+固定资产折旧+生产税净额+营业盈余

其中:

劳动者报酬=支付给职工以及为职工支付的现金+年末应付工资、应付福利费−年初应付工资、应付福利费

生产税净额=主营业务税金及附加−补贴收入

累计折旧=年末累计折旧−年初累计折旧

营业盈余=营业利润+补贴收入

将上述指标代入,得到最终的计算公式为:

上市公司的社会经济贡献值=(年末应付工资、应付福利费−年初应付工资、应付福利费)+支付给职工以及为职工支付的现金+(年末累计折旧−年初累计折旧)+主营业务税金及附加+营业利润

据此公式计算得到每一个民营上市公司的社会经济贡献值;然后加总求和,就得到河南民营上市公司的社会经济贡献值。

社会福利综合水平指标构建。基于阿玛蒂亚·森的可行能力方法,福利是一个多功能、多侧面、内容丰富的概念,福利在本质上的模糊性和复杂性,使得精确界定福利相当困难。很多学者对福利评价进行了尝试性研究,认为不止一种方法可以有效地实现阿玛蒂亚·森的思想,如描述性统计、多变量方法等(杨爱婷,2012)。本章借鉴贺俊、程佳敏、万红燕(2018)构建的测度社会福利的方法,在充分考虑数据的全面性和可得性的基础上,选择以下九个方面衡量社会福利综合水平(U)。分别是:

人均 GDP 增长率(G);

收入(Y),为城镇居民人均可支配收入增长率/人均 GDP 增长率;

消费(C),为居民消费支出/政府消费支出;

教育(E),为地方财政教育支出/公共财政支出;

健康(H),为地方医疗卫生支出/公共财政支出;

社会保障(S),为地方财政社会保障和就业支出/公共财政支出;

环境污染程度(EM),为烟(粉)尘排放量增长率;

出生率(B);

死亡率(D)。

具体的计算社会福利综合水平的计算公式如下:

$$U = \frac{G \times Y \times C \times E \times S \times H(1-EM)}{1+B \times (1-D)} \qquad (1)$$

8.6.3 实证结果

8.6.3.1 河南民营上市公司的社会经济贡献

表 8-38 显示了 2013—2018 年河南民营上市公司的社会经济贡献值及增长变动情况。数据显示,河南民营上市公司的社会经济贡献值最高点在 2018 年为 473 亿元,连年的增长幅度很大,最高增幅在 2016 年达到 59%,最大增长额度在 2017 年为 130 亿元,显示着河南民营上市公司对当地经济和社会的贡献日益增加。

表 8-38　2013—2018 年的上市公司贡献值及增长情况

年份	贡献值(亿元)	贡献值增长额(亿元)	贡献值增长率
2013	161.35	−2.02	−1.24%
2014	193.47	32.12	19.91%
2015	202.48	9.01	4.66%
2016	322.71	120.23	59.38%
2017	452.82	130.10	40.32%
2018	473.38	20.56	4.54%

为更加直观的观测表 8-38 的时间序列趋势,将表内数据做成柱状图加以展示。图 8-2 列示了近 6 年来河南民营上市公司的社会经济贡献值的总体增长态势。图中方块面

积表示了总产值的大小。趋势线斜率显示了贡献值增长的速度。图8-3列示了近6年来河南民营上市公司的社会经济贡献值增长额的总体增长态势,增长额在经历了2016至2017年的大幅提升之后,渐渐趋于平缓。每一梯度表示每一年度。图中方块面积表示了增长额的大小。

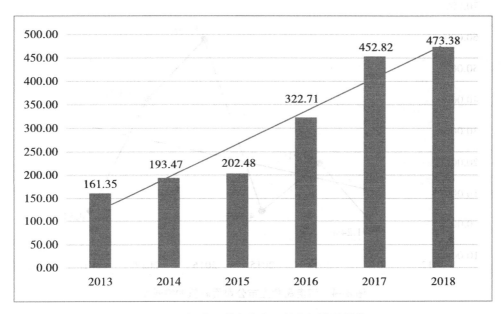

图8-2　河南民营上市公司社会经济贡献值

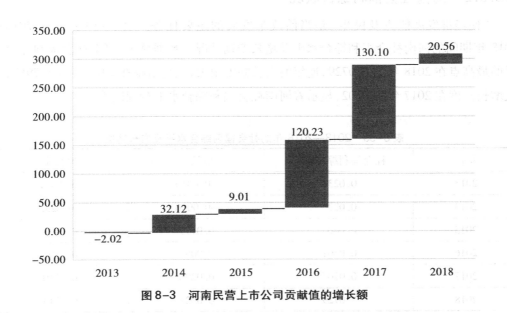

图8-3　河南民营上市公司贡献值的增长额

图8-4列示了近6年来河南民营上市公司的社会经济贡献值的年度增长率的变动态势,增长率在经历了2014、2016、2017年的调整之后,渐渐与其他年份趋平。图中拐点表示了贡献值的变动幅度的大小。趋势线斜率显示了贡献值增长率的变动速度和方向。

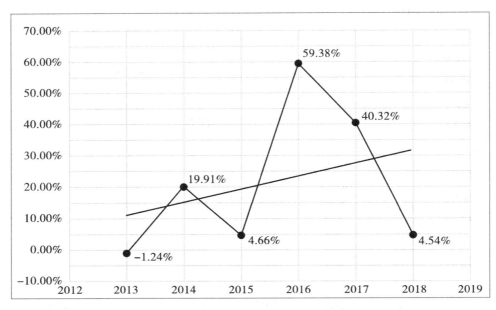

图8-4   河南民营上市公司贡献值的增长率

8.6.3.2   河南社会福利综合状况

"使经济发展能惠及民生"是当前改革发展的主要任务。表8-39列示了2013—2018年期间的河南社会福利综合水平及增长变动情况。数据显示,河南社会福利综合水平的最高点在2018年为0.0729,连年的增长幅度很大,最高增幅在2015年达到79%,最大增长额度在2017年为0.02,显示着河南社会福利综合水平持续改善。

表8-39   2013—2018年的社会福利综合水平及增长情况

年份	社会福利综合水平	增长量	增长率
2013	0.0231	−0.0010	−0.0421
2014	0.0226	−0.0006	−0.0253
2015	0.0404	0.0179	0.7921
2016	0.0501	0.0097	0.2391
2017	0.0707	0.0206	0.4110
2018	0.0729	0.0022	0.0313

为更加直观的观测表8-39的时间序列趋势,将表内数据做成柱状图进行展示。图8-5列示了近6年来河南社会福利综合水平的总体增长态势。图中方块面积表示了河南社会福利综合水平的大小。趋势线斜率显示了河南社会福利综合水平增长的速度。

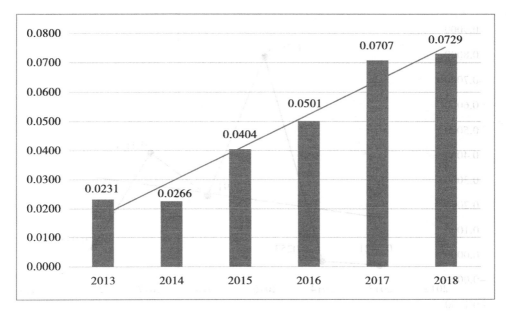

图8-5　河南社会福利综合水平

图8-6列示了近6年来河南社会福利综合水平增长量的总体增长态势,增长量在经历了2015—2017年的大幅提升之后,渐渐趋于平缓。每一梯度表示每一年度。图中方块面积表示了增长量的大小。

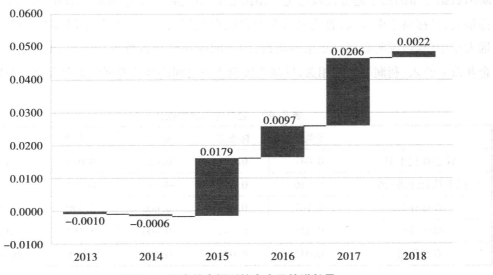

图8-6　河南社会福利综合水平的增长量

图 8-7 列示了近 6 年来河南社会福利综合水平的年度增长率的变动态势,增长率在 2015—2017 年的大幅变动之后,开始回落。图中拐点表示了河南社会福利综合水平的变动幅度的大小。趋势线斜率显示了河南社会福利综合水平增长率的变动速度和方向。

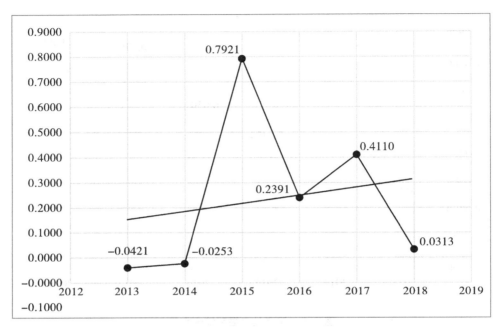

图 8-7　河南社会福利综合水平的增长率

8.6.3.3　变量的描述性统计

表 8-40 是变量的描述性统计结果。社会福利水平的平均数和中位数比较接近,反映出数据分布的集中趋势比较稳定。相比之下,其他四个变量的最大值和最小值的差异都很大,且都高于中位数,表明民营企业之间存在较大差异。尤其是间接补贴的平均值远大于中位数,说明数据分布很不均衡,由于间接补贴指各种税费的返、退、减、免等,与企业营业收入、利润等密切相关,反映出民营企业之间的经营发展状态存在很大差异。

表 8-40　变量的描述性统计

	平均值	标准差	最小值	最大值	中位数
社会福利水平	0.047	0.022	0.023	0.073	0.045
民企社会经济贡献	0.016	0.033	−0.023	0.261	0.007
直接补贴	0.167	0.395	0.000	3.590	0.054
间接补贴	0.232	0.742	0.000	5.667	0.016
专利数量	0.032	0.046	0.000	0.288	0.021

8.6.3.4　三者之间的总体关系

表8-41显示了路径分析模型的拟合结果。拟合指标达到适配标准,表明模型较好地拟合了样本数据,模型设立适当,可以用于检验前述理论假设。

表8-41　路径分析模型拟合指标

指数	绝对适配度			增值适配度			简约适配度	
	RMSEA	GFI	AGFI	CFI	RFI	NFI	NC	PCFI
数据结果	0.011	0.947	0.935	0.985	0.933	0.978	4.456	0.533
适配标准	<0.05	>0.90	>0.90	>0.90	>0.90	>0.90	NC<5	>0.50
模型适配判断	很好	良好	良好	很好	良好	良好	良好	良好

图8-8a和图8-8b是路径分析模型的标准化解,用以检验假设财税补贴对民营企业绩效的影响,以及企业创新在财税补贴与民营企业绩效之间的中介效应,即财税补贴是否通过企业创新对民营企业绩效产生正向的促进作用。

图8-8a的详细结果如表8-42所示,民营企业的社会经济贡献与当地社会福利综合水平之间的路径系数为0.971,在0.001的水平上显著,说明民营企业的社会经济贡献对当地社会福利综合水平具有显著的正向影响关系,假设H1得到支持。间接财税补贴与民营企业的社会经济贡献之间的路径系数为0.505,在0.01的水平上显著,说明间接补贴对民营企业的社会经济贡献有显著的正向影响关系,支持了民营企业的社会经济贡献正向促进了当地社会福利水平的观点。此研究结论也进一步验证了财税补贴具有"扶持之手"作用的观点。然而,直接财税补贴与河南民营上市企业的社会经济贡献的路径系数为-0.566,在0.01的水平上显著,说明直接财税补贴对河南民营上市企业的社会经济贡献有显著的负向影响关系,验证了财税补贴负向影响民营企业绩效的观点。综合来看,现有文献关于财税补贴具有正面、负面影响的情况都是存在的,说明财税补贴的效果不能一概而论,与补贴方式和政策运用有关。

表8-42　直接补贴和间接补贴的路径分析系数

变量关系			路径系数	S.E.	C.R.	P	标准化系数
民企贡献	<---	间接补贴	40.607	15.177	2.675	0.007	0.503
民企贡献	<---	直接补贴	-17.007	5.648	-3.011	0.003	-0.566
社会福利	<---	民企贡献	0.157	0.017	9.060	0.000	0.971
间接补贴	<-->	直接补贴	-3.378	3.261	-1.036	0.300	-0.523

　　按照温忠麟等(2014)的方法,使用图8-8a和图8-8b对企业创新的中介效应进行检验。首先,检验企业创新对间接财税补贴的中介效应。图8-8a的结果表明,间接财税补贴对民营上市企业的社会经济贡献的路径关系的总效应值为0.503,且通过0.01水平的显著性检验。

　　图8-8b的详细结果如表8-43所示。在图8-8b中,间接财税补贴对企业创新的直接效应为0.711,且通过0.001水平的显著性检验,企业创新对经营绩效的直接效应为0.959,且通过0.001水平的显著性检验,而间接财税补贴对民营企业的社会经济贡献的直接效应为-0.179,且没有通过0.05水平的显著性检验,所以企业创新在间接财税补贴与经营绩效之间起到完全中介作用。同理可得,企业创新在直接财税补贴与经营绩效之间也起到完全中介作用。于是,企业创新在财税补贴与民营企业绩效之间的中介效应得到验证。图8-8b也显示出,在加入了企业创新中介变量之后,民营企业的社会经济贡献对社会福利综合水平的关系基本没有发生变化。所以,中介效应表明,企业创新完全传递了财税补贴对民营企业的社会经济贡献的作用,具有间接提升社会福利综合水平的效果。

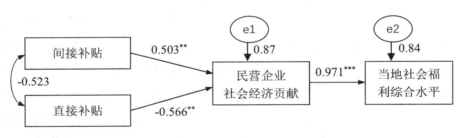

图8-8a　路径分析结果

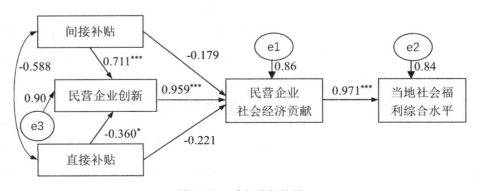

图8-8b　路径分析结果

表8-43 企业创新的路径分析系数

变量关系			路径系数	S. E.	C. R.	P	标准化系数
民企创新	<---	间接补贴	0.142	0.033	4.356	* * *	0.711
民企创新	<---	直接补贴	−0.027	0.012	−2.205	0.027	−0.360
民企贡献	<---	间接补贴	−14.467	18.381	−0.787	0.431	−0.179
民企贡献	<---	直接补贴	−6.632	4.387	−1.512	0.131	−0.221
民企贡献	<---	民企创新	388.749	115.428	3.368	* * *	0.959
社会福利	<---	民企贡献	0.157	0.017	9.060	* * *	0.971
间接补贴	<-->	直接补贴	−3.378	3.261	−1.036	0.300	−0.523

8.7　小结

8.7.1　讨论

本章从民营企业高质量发展着手,以2013—2018年的河南民营上市企业为样本,构建路径分析模型,对财税补贴、民营企业创新、民营企业的社会经济贡献和社会福利水平之间的关系进行实证研究。研究结果显示,三个研究假设均得到支持。从提高社会福利的总体效应看,民营企业的社会经济贡献对社会福利水平有显著的正向影响;财税补贴对民营企业的社会经济贡献也产生了显著的正向影响,其中间接补贴的作用是正向的,直接补贴的作用是负向的,这既验证了现有文献的两种观点,又表明财税补贴效果不能一概而论,与具体的政策措施有关;企业创新对财税补贴和民营企业的社会经济贡献之间的关系具有完全的中介效应。综合来看,企业创新均具有间接提升社会福利水平的政策效果。这说明在当前转型经济背景下,在完善市场机制、推动要素市场化配置的进程中,大力支持民营企业发展有助于更好的发挥改革措施的政策效果。在此意义上讲,本研究以民营企业高质量发展的角度出发,分析了提升财税补贴效果的可能性,验证了企业创新的中介效应,拓展了财税补税在社会经济高质量发展方面的应用,对于深入正确理解当前以人民为中心的发展思想和市场化改革与财税补贴等经济政策的关系有一定的现实指导意义。

需要注意的是,也有部分文献提出了经济发展本身并不一定就能够自动带来人民福祉的全面提高(黄艳敏等,2017;石庆新等,2017;杨金龙等,2019;吴克昌等,2019)。这提醒我们,虽然没有经济发展就不会有人民福祉,但是如果过于看重经济增长,忽视当前社会经济从高速增长转向高质量发展的重要事实,极可能难以充分发挥财税补贴的作用、达成预期的改革发展目标。在新时代新征程中,民营企业也应遵循正确的价值观,坚持制度自信,自觉置身于经济社会发展大局中定位自身的角色与使命,洞察、预知、挖掘社会需求,用创新的方案解决社会问题,创造企业与社会双赢的共享价值,从而实现高质量发展。

8.7.2 研究结论

综述以上研究,得出如下结论:

(1)从财税补贴与河南民营上市公司经营的关系看,资产、筹资、投资、营业收益、纳税、研发创新、人员方面的绝大多数指标与税费返还、资产性补助之间呈现出显著的正相关关系,而与收益性补助之间呈现出显著负相关,或统计意义不显著的相关性,如筹资、研发费用。

(2)从河南民营上市公司经营与社会福利水平的关系看,企业指标与居民日常生活直接相关的福利指标或环境指标呈现出显著的正相关;与居民日常生活非直接相关的宏观指标在统计意义上不相关,如城市商品零售价格指数、GDP、政府消费、城镇登记失业率等,或负相关,如地方财政医疗卫生支出在公共财政支出的占比、地方政府教育支出在公共财政支出的占比、地方财政社会保障和就业支出在公共财政支出的占比。

(3)从三者的总体关系看,税费返还对河南民营企业的社会经济贡献值有正向的显著影响,直接财政补助对河南民营企业的社会经济贡献值有负向的显著影响,这两项结果分别验证了文献综述的财税补贴具有正面效应和负面效应的两种情况。说明政府应当加强对间接财税补贴的投入,适度控制收益性财税补贴的规模或改善实施办法、加强监管力度。

(4)从三者的总体关系看,这表明河南民营企业的经营活动有助于促进社会福利水平的提升,财税补贴发挥了积极的政策效果。但是河南民营企业对社会福利水平的影响力偏小,说明河南民营企业的社会经济贡献的规模还不够大,这或与民营企业的整体规模比较小,社会影响力不够强有关。那么,未来加强对民营企业的扶持力度,比如积极推动民营企业上市等,应当成为未来政策的重要方面。

(5)对于三者之间关系的检验,无论是两两之间关系的相关性模型还是三者之间的总体关系的路径分析,都得到了相同的结论。由于相关性检验和路径分析采用的方法和指标并不一样,所以,路径分析可以看作对前述检验的稳健性检验,增强了研究结论的说服力。财税补贴有助于河南民营企业发展,河南民营企业产生了积极社会经济贡献,增进了以社会福利为表征的客观获得,实现了共享发展和高质量发展。

纵观河南民营企业发展,自1978年开启的改革开放至今已走过40多年的风雨历程,河南省的民营经济产业结构不断优化,产业升级也在持续进行中,绿色环保发展正在逐步深入人心,民营企业的高质量发展正在逐步实现(河南省民营经济研究会,2019)。本研究列举了自党的十八大以来的河南民营企业经营、财税补贴和社会福利的相关分析结果。研究表明,河南省民营企业由弱变强,由小变大,已逐渐成为全省经济发展的重要力量,在自主创新、新增就业、经济发展、社会进步、科技研发等方面发挥着越来越大的影响。实际上,为更好地促进河南民营经济发展,需要更好地强化市场规则、建立法治化营商环境,搭建创新平台,进一步激发民营主体活力,协同落实"五位一体""四个全面"。

总之,让人民群众在社会经济发展过程中获得更多福祉、共享成果、增进获得感,是新时期我国改革发展的根本目的。经济水平本身并不一定自动带来人民福祉的全面提高。虽然没有经济发展就不会有人民福祉,但只有具有"获得"的发展才能实现人民福祉的提升。这说明积极发挥财税补贴的政策引导,积极发挥民营上市公司关联效应,确保全体人民在共建共享发展中感受到改革红利,对新时代人民"获得感"的提升具有重要意义。

参考文献

[1]张振华. 我国半导体显示产业财政补贴效应及研发效率研究[J]. 工业技术经济,2020,39(02):151-160.

[2]刘新民,宋红汝,范柳. 政府补助、企业创新对投资者投资决策的信号传递效应[J/OL]. 科技进步与对策:1-8[2020-02-15]. http://kns.cnki.net/kcms/detail/42.1224.G3.20191220.1648.024.html.

[3]范子英,王倩. 转移支付的公共池效应、补贴与僵尸企业[J]. 世界经济,2019,42(07):120-144.

[4]项军. 客观"获得"与主观"获得感":基于地位获得与社会流动的视角[J]. 社会发展研究,2019,6(02):135-153+245.

[5]雷霆,邓少微. 民间投资增速下滑的成因及对策分析[J]. 新金融,2019(03):56-60.

[6]王浦劬,季程远. 我国经济发展不平衡与社会稳定之间矛盾的化解机制分析:基于人民纵向获得感的诠释[J]. 政治学研究,2019(01):63-76+127.

[7]郑喜洋,申曙光. 财政卫生支出:提升健康与降低费用:兼论企业医保降费[J]. 经济管

理,2019,41(01):5-21.

[8]张卫伟.论人民"获得感"的生成:逻辑规制、现实困境与破解之道:学习习近平关于人民"获得感"的重要论述[J].社会主义研究,2018(06):8-15.

[9]宁文英,吴满意.思想政治教育获得感:概念、生成与结构分析[J].思想教育研究,2018(09):26-30.

[10]雷根强,郭玥.高新技术企业被认定后企业创新能力提升了吗?:来自中国上市公司的经验证据[J].财政研究,2018(09):32-47.

[11]吕小康,黄妍.如何测量"获得感"?:以中国社会状况综合调查(CSS)数据为例[J].西北师大学报(社会科学版),2018,55(05):46-52.

[12]黄海鹰.制度粘性与企业外源性融资偏好:来自区域性融资方式选择差异的证据[J].财经问题研究,2018(05):133-139.

[13]郭正模."共享发展"理念下企业层面的分配与三方利益分享机制探讨[J].决策咨询,2018(02):1-5.

[14]李勇斌.基于灰色关联分析的农业保险需求影响因素研究[J].海南金融,2018(02):72-80.

[15]贺俊,程佳敏,万红燕.人口结构、经济增长与中国社会福利水平[J].东北大学学报(社会科学版),2018,20(01):19-26.

[16]彭红星,王国顺.中国政府创新补贴的效应测度与分析[J].数量经济技术经济研究,2018,35(01):77-93.

[17]黄艳敏,张文娟,赵娟霞.实际获得、公平认知与居民获得感[J].现代经济探讨,2017(11):1-10+59.

[18]吕新业,胡向东.农业补贴、非农就业与粮食生产:基于黑龙江、吉林、河南和山东四省的调研数据[J].农业经济问题,2017,38(09):85-91.

[19]杨国超,刘静,廉鹏,芮萌.减税激励、研发操纵与研发绩效[J].经济研究,2017,52(08):110-124.

[20]冯悦威.能源产业的财政补贴罗生门[J].能源,2017(06):85-88.

[21]江新峰,张敦力.企业寻租与政府补助利用效率:来自企业投资活动的经验证据[J].投资研究,2017,36(03):4-18.

[22]余明桂,范蕊,钟慧洁.中国产业政策与企业技术创新[J].中国工业经济,2016(12):5-22.

[23]黄鑫.新能源汽车骗补企业被重罚[J].节能,2016,35(12):34.

[24]孙光奇,李建宇,骆阳.大国农业靠大户财政政策扶大户:财政支持粮食生产可持续

发展调研报告[J].中国财政,2016(20):34-36.

[25]张新成.河南涉农上市公司地方政府补助问题探究[J].中国乡镇企业会计,2016
(06):147-148.

[26]边卫军,赵文龙.家族私营企业社会责任与社会关联的耦合性[J].甘肃社会科学,
2016(03):173-176.

[27]黎文靖,郑曼妮.实质性创新还是策略性创新?:宏观产业政策对微观企业创新的影
响[J].经济研究,2016,51(04):60-73.

[28]文小才.河南公共医疗卫生发展的财政政策研究[J].河南财政税务高等专科学校学
报,2015,29(06):1-5.

[29]魏志华,赵悦如,吴育辉.财政补贴:"馅饼"还是"陷阱"?:基于融资约束 VS.过度投
资视角的实证研究[J].财政研究,2015(12):18-29.

[30]魏志华,吴育辉,李常青,曾爱民.财政补贴,谁是"赢家":基于新能源概念类上市公
司的实证研究[J].财贸经济,2015(10):73-86.

[31]罗先云.WTO 农业协定背景下河南农业政策的选择与考量因素分析[J].河南工业
大学学报(社会科学版),2015,11(03):1-5.

[32]秦永超.福祉、福利与社会福利的概念内涵及关系辨析[J].河南社会科学,2015,23
(09):112-116+124.

[33]倪中新,武凯文.我国上市公司股权融资偏好的影响因素:基于 Cox 比例危险模型的
实证研究[J].华东经济管理,2015,29(09):165-173.

[34]吴理财,刘建.企业作为社会力量如何参与公共文化服务:基于北大资源的案例分析
[J].贵阳市委党校学报,2015(04):33-38.

[35]毛其淋,许家云.政府补贴对企业新产品创新的影响:基于补贴强度"适度区间"的视
角[J].中国工业经济,2015(06):94-107.

[36]赵晓东.河南林下经济发展的对策探讨[J].林业实用技术,2014(09):103-106.

[37]朱君.上市公司对区域经济发展的影响研究[D].吉林:东北师范大学,2014.

[38]南海燕.河南农业环保补贴政策略析[J].河南工业大学学报(社会科学版),2013,9
(02):22-24+31.

[39]杨爱婷,宋德勇.中国社会福利水平的测度及对低福利增长的分析:基于功能与能力
的视角[J].数量经济技术经济研究,2012,29(11):3-17+148.

[40]董文文.山东省上市公司对区域经济发展贡献的研究[D].济南:山东大学,2012.

[41]安同良,周绍东,皮建才.R&D 补贴对中国企业自主创新的激励效应[J].经济研究,
2009,44(10):87-98+120.

[42]郭正模."共享发展"理念下企业层面的分配与三方利益分享机制探讨[J].决策咨询,2018(02):1-5.

[43]夏力,李舒好.政治关联视角下的政府补贴与民营企业技术创新[J].科技进步与对策,2013,30(03):108-111.

[44]孔东民,李天赏.政府补贴是否提升了公司绩效与社会责任[J].证券市场导报,2014(06):26-31+62.

[45]刘静.河南民营中小企业融资现状与对策研究[J].统计与管理,2014(08):70-71.

[46]文小才.河南公共医疗卫生发展的财政政策研究[J].河南财政税务高等专科学校学报,2015,29(06):1-5.

[47]李剑力.欠发达地区民营科技型中小微企业创新发展的障碍与破解途径:以河南为例[J].黄河科技大学学报,2016,18(05):37-45.

[48]孙光奇,李建宇,骆阳.大国农业靠大户财政政策扶大户:财政支持粮食生产可持续发展调研报告[J].中国财政,2016(20):34-36.

[49]张新成.河南涉农上市公司地方政府补助问题探究[J].中国乡镇企业会计,2016(06):147-148.

[50]胡浩志,黄雪.寻租、政府补贴与民营企业绩效[J].财经问题研究,2016(09):107-112.

[51]李传宪,刘晓雨.政府补贴与民营企业成长性关系研究[J].会计之友,2016(10):94-97.

[52]李勇斌.我国农业保险财政补贴充分区域差异化研究:基于灰色聚类评估模型[J].新疆农垦经济,2018(07):22-27+85.

[53]李岚.豫浙民营企业政治行为的比较研究:一个制度环境的视角[J].经济经纬,2017,34(03):99-104.

[54]吕新业,胡向东.农业补贴、非农就业与粮食生产:基于黑龙江、吉林、河南和山东四省的调研数据[J].农业经济问题,2017,38(09):85-91.

[56]于赛渊.财政补贴对企业社会经济效益影响的实证[J].统计与决策,2017(20):181-184.

[57]郭玥.政府创新补助的信号传递机制与企业创新[J].中国工业经济,2018(09):98-116.

[58]李维安,王鹏程,徐业坤.慈善捐赠、政治关联与债务融资:民营企业与政府的资源交换行为[J].南开管理评论,2015,18(01):4-14.

[59]黄速建,肖红军,王欣.论国有企业高质量发展[J].中国工业经济,2018(10):

19-41.

[60]金碚.关于"高质量发展"的经济学研究[J].中国工业经济,2018(04):5-18.

[61]任保平,李禹墨.新时代我国经济从高速增长转向高质量发展的动力转换[J].经济与管理评论,2019,35(01):5-12.

[62]师博,张冰瑶.新时代、新动能、新经济:当前中国经济高质量发展解析[J].上海经济研究,2018(05):25-33.

[63]林坚.以高质量发展提升人民生活品质.[EB/OL].http://www.qstheory.cn/2018-02/21/c_1122434172.htm,2018-02-21/2020-01-05.

[64]赵静,陈玲,薛澜.地方政府的角色原型、利益选择和行为差异:一项基于政策过程研究的地方政府理论[J].管理世界,2013(02):90-106.

[65]赵璨,王竹泉,杨德明,曹伟.企业迎合行为与政府补贴绩效研究:基于企业不同盈利状况的分析[J].中国工业经济,2015(07):130-145.

[66]潘红波,李丹玉.产业政策、企业雇员和政府补助[J].宏观质量研究,2019,7(01):17-30.

[67]黄翔,黄鹏翔.政府补助企业的主要动机研究:基于我国A股上市公司面板数据的实证检验[J].西部论坛,2017,27(03):106-116.

[68]贺俊,程佳敏,万红燕.人口结构、经济增长与中国社会福利水平[J].东北大学学报(社会科学版),2018,20(01):19-26.

[69]王祖山.城镇居民福利的测度、健康关联及改进路径[J].湖南师范大学社会科学学报,2018,47(02):84-91.

[70]LIU D,CHEN T,LIU X,et al. Do more subsidies promote greater innovation? Evidence from the Chinese electronic manufacturing industry[J]. Economic Modelling,2018(80):441-452.

[71]BONGSUK SUNG. Do government subsidies promote firm level innovation? Evidence from the Korean renewable energy technology industry[J]. Energy Policy, 2019(132):1333-1344.

[72]李晓钟,徐怡.政府补贴对企业创新绩效作用效应与门槛效应研究:基于电子信息产业沪深两市上市公司数据[J].中国软科学,2019(5):36-44.

[73]彭红星,毛新述,张茵.政府创新补助与公司高管自娱性在职消费:基于外部治理与积极情绪的考量[J].管理评论,2020,32(03):122-135.

[74]JIN CHEN,CHENG SUANGHENG,BERNARD C. Y. TAN,et al. The distinct signaling effects of R&D subsidy and non-R&D subsidy on IPO performance of IT entrepreneurial

firms in China[J]. Research Policy,2018,47(1):108-120.

[75]曾建光,步丹璐,饶品贵. 无偿划转,政府补贴与社会福利[J]. 世界经济,2017,40(07):147-168.

[76]LEE E. ,WALKER M. ,ZENG C. . Do Chinese state subsidies affect voluntary corporate social responsibility disclosure? [J]. Journal of Accounting and Public Policy,2017,36(3):179-200.

[77]LIU Y. ,QUAN B. T. ,XU Q. ,et al. Corporate social responsibility and decision analysis in a supply chain through government subsidy[J]. Journal of Cleaner Production,2019(208):436-447.

[78]魏恒,王继光,李常洪. 考虑政府补贴和企业社会责任的供应链决策[J]. 经济问题,2020(04):68-76+94.

[79]刘虹,肖美凤,唐清泉. R&D 补贴对企业 R&D 支出的激励与挤出效应:基于中国上市公司数据的实证分析[J]. 经济管理,2012,34(04):19-28.

[80]汤萱,谢梦园. 战略性新兴产业产能效率与政府补助行为:基于新一代信息技术产业上市公司的实证分析[J]. 学术研究,2017(03):89-97+178.

[81]李万君,李艳军,李婷婷,朱信凯. 政府支持如何影响种子企业技术创新绩效:基于政策、组织和市场异质性的分析[J]. 中国农村经济,2019(09):104-123.

[82]温忠麟,叶宝娟. 中介效应分析:方法和模型发展[J]. 心理科学进展,2014,22(05):731-745.

[83]石庆新,傅安洲. 获得感、政治信任与政党认同的关系研究:基于湖北省 6 所部属高校大学生的调查数据[J]. 中南民族大学学报(人文社会科学版),2017,37(01):91-94.

[84]杨金龙,张士海. 中国人民"获得感"的综合社会调查数据的分析[J]. 马克思主义研究,2019(03):102-112+160.

[85]吴克昌,刘志鹏. 基于因子分析的人民"获得感"指标体系评价研究[J]. 湘潭大学学报(哲学社会科学版),2019,43(03):13-20.

[86]河南省民营经济研究会. 河南省民营经济发展与现状座谈会综述. [EB/OL]. http://www.hnskl.org/news/20190130/5081.html,2019-01-30/2020-08-05.

9

本书研究总结

9.1 研究结论

“财政是国家治理的基础和重要支柱”。在“十三五”规划蓝图中财税领域的改革任务最为繁重,涉及面最广。最高指导性文件既创新性定位和阐述了治国施政的核心理念——国家治理现代化,也创新性定位了财政与国家治理的关系。这就要求财税补贴政策必然要适应新阶段发展的客观要求。

财税改革背景下,现有研究还没有系统的把财税补贴效应与“共享”理念相结合,缺乏新理念下的系统研究。财税体制改革能否真正产生获得感,能否促进国家治理现代化进程,还要看其落地实施情况,即相关利益主体能否“共享”改革成果。本书将财税补贴效应研究与“共享”理念相结合,阐述了“共享”发展理念下财税补贴效应的机理和推进机制,这是本书的核心内容,包括四个方面:

(1)利益共享共生机理。财税补贴的经济效应和社会效应并非孤立存在,而是相互关联和交叉融合的。财税补贴以企业为媒介,对人民“获得感”产生了显著的正向影响;人民“获得感”能够塑造更好的营商环境,对财税补贴与企业绩效的关系具有正向的显著影响。本书从理论上分析了两者之间的相互影响机理,并利用实际数据进行了检验,为此提供了经验证据。

(2)财税补贴效应的推进机制。从创新驱动的角度,尤其是环保投资和创新,通过理论分析和实证检验识别了财税补贴效应的影响因素和关键性问题,从发挥政府引导、推动与规制功能,市场的融资支持,完善公司治理与优化经营决策出发,提出对策建议,从而在宏观政策要求和企业经营需求之间搭建桥梁。

(3)本书在已有研究的基础上综合运用多种计量经济方法考察了中部崛起背景下的

财税补贴政策的实施效果,验证了中部崛起政策在微观企业层面的实施效果,无论是企业经济绩效,还是综合绩效,都得出了稳健的结论。

(4)本书专题研究了河南省民营企业的财税补贴的效果。既检验了财政补贴政策的类型及其之间的关系,又验证了财政补贴与河南民营企业的多种绩效指标的相关性,还有这些企业指标与河南社会福利指标之间的关系,以及对三者之间综合关系的测度,为河南省财税改革和企业经营建言献策,也弥补了河南省此类研究的不足。

9.2　研究局限

本书在研究上存在一定局限。

(1)"获得感"的内涵非常丰富,本书对客观获得的测量是否以及能够在多大程度上反映人民"获得感",是否还有其他更为有效的测量,有待未来研究的检验。

(2)获得感的提升离不开人民群众的体验、企业的参与,某些负相关关系或统计意义不显著的相关性的原因尚未明晰,或与样本量、研究方法、指标选取等因素有关,有待研究发现。

(3)企业绩效的内涵非常丰富,随着经济的发展,时代的变迁而反映企业经营活动的不同方面。本书从经济效益、创新能力、社会责任等方面对企业绩效的测量能够在多大程度上准确反映企业绩效,是否还有其他更为有效的测量,有待未来研究的检验。

(4)实证研究结论与样本量、研究方法、指标选取等因素有关,不同的研究样本、方法或指标会不会导致相异的研究结论,未来有待积累更多样本数据。

(5)受样本数据可得的限制,财政补贴与企业经济绩效指标、企业综合绩效指标,以及河南省专题研究中的样本并不完全一样,这或许能够增强数据全面性,从而形成前后呼应,以弥补不同研究的不足,但也造成了研究之间的不一致,尽管本书采取了不同的计量经济方法进行检验,至于其研究效果如何,或许有待研究发现。

9.3　研究展望

社会发展步入生态文明,我国提出了"创新、协调、绿色、开放、共享"五大发展理念,解决了怎样发展和发展为了谁的问题。党的十八届五中全会提出以"坚持共享发展,必须坚持发展为了人民、发展依靠人民、发展成果由人民共享,作出更有效的制度安排,使全体人民在共建共享发展中有更多获得感,增强发展动力,增进人民团结,朝着共同富裕方向稳步前进"为核心思想的共享发展理念,明确经济社会发展的出发点和落脚点——人民"获得感"。"十三五"规划和十九大报告等一系列党的路线方针政策中对此进行了更多阐述。

共享发展不仅是生产关系层面的问题,也是生产力层面的问题,是生产关系与生产力的有机统一。创新驱动是实现共享发展的必由之路。尤其是环保创新更是契合了"创新"发展、"绿色"发展、"绿水青山就是金山银山"的论断。从提升人民"获得感"的角度看,随着人民群众生活水平持续提高,优良的生态环境已经成为人民群众期盼美好生活的重要部分。只有顺应发展需要和群众期盼,才能够让人民群众在共享发展中拥有更多获得感。

在深化财税体制改革的大背景下,财税改革被赋予"国家治理的基础和重要支柱"的特殊定位。作为财税改革重要组成部分的财税补贴政策必然与党中央的大政方针一脉相承,全面体现国家治理意图和价值指向。基于"共享"理念、在财税改革的制度背景下研究财税补贴政策,有助于更加准确地理解和把握财税补贴对企业行为的微观作用机制,从而为财税补贴的合理配置提供理论依据和经验证据。这对于发挥财税补贴效应,推进财税体制改革,推进建立新型政府企业关系,体现国家治理意图,践行"共享"发展、提升人民"获得感"具有重要的现实意义。

当前我国经济进入新常态,中部崛起进入新阶段。中部崛起对于全国经济发展和区域均衡发展具有更重要的意义。"中部崛起"政策实施十余年来,从发展的环境来看,崛起的中国给中部崛起提供了一个新的背景,新的环境。中部地区面临着一个开放的、竞争性更强的国际环境,同时也面临着一个进入初步小康的国内环境。中部处于中国区域协调发展的中间。中部省份具有资源优势,在资源禀赋条件下形成了资源导向型产业结构。企业运营过程中往往需要地方政府的长期政策扶持。而资源型企业解决大量就业人口,贡献利税多,地方政府也需要资源型企业的持续生产经营以维持稳定的社会经济关系。规划导向的中部崛起战略虽然缺乏制定性硬措施,但是中央政府实施这一战略向中部地区的地方政府释放了鼓励发展地方经济的强烈信号。

崛起战略实施以来,中部地区经济社会发展步入快车道,经济总量占全国比重稳步提高,产业结构不断优化,开放型经济水平逐渐提升。新形势下,中部地区要进一步解放思想,以更大的气魄、更大的力度,打造各具特色的改革开放高地。在财政补贴政策的支持和引领定,中部地区把转方式、调结构放在更加突出位置,促进新型工业化、信息化、城镇化、农业现代化同步发展,培育开放型经济竞争新优势。尤其是作为全国先进制造业中心和新型城镇化的主战场,中部地区除积极响应国家政策外,还必须因地制宜加强自身的改革。

从河南的民营经济看,自1978年开启的改革开放至今已走过40多年的风雨历程,河南省的民营经济产业结构不断优化,产业升级也在持续进行中,绿色环保发展正在逐步深入人心,民营企业的高质量发展正在逐步实现。本研究列举了自党的十八大以来的河南民营企业经营、财税补贴和社会福利的相关分析结果。研究表明,河南省民营企业由弱变强,由小变大,已逐渐成为全省经济发展的重要力量,在自主创新、新增就业、经济发展、社会进步、科技研发等方面发挥着越来越大的影响。实际上,为更好地促进河南民营经济发展,需要更好地强化市场规则、建立法治化营商环境,搭建创新平台,进一步激发民营主体活力,协同落实"五位一体""四个全面"。

总之,让人民群众在社会经济发展过程中获得更多福祉、共享成果、增进获得感,是新时期我国改革发展的根本目的。经济水平本身并不一定自动带来人民福祉的全面提高。虽然没有经济发展就不会有人民福祉,但只有具有"获得"的发展才能实现人民福祉的提升。这说明积极发挥财税补贴的政策引导,积极发挥企业经济的关联效应和媒介作用,确保全体人民在共建共享发展中感受到改革红利,对新时代人民"获得感"的提升具有重要意义。